바다는 거의
　　　밀물이어서

바다는 거의 밀물이어서

■

■

■

정기남 시집

시인의 말

바다는 무너지고
쓰러지면서 하얗다.
시퍼렇게 연루되는 것이
바다를 살아내는 길이어서
물구나무서서 바다로 뛰어든다.

2023년 11월
정기남

차례

시인의 말　　005

제1부

푸른발부비새　　012
감도 있습니까?　　014
쇄빙선　　016
천측항해　　018
나침반　　022
무중신호　　024
이류무移流霧　　026
모터 탱커 쌍코 프레스티지 M/T SANKO PRESTIGE　　028
견습항해사　　031
등대선燈臺船　　034
도버해협　　036
사르가소해　　038
처녀 입항　　040

제2부

흘수선吃水線　044

태풍주의보　046

널배　048

킹스턴 밸브　058

갱웨이gangway　060

거멀못　062

예인하다　064

나문재　065

꼼장어　066

준설하다　068

깡깡하다　070

양묘揚錨하다　072

3등 항해사와 1등 조타수　074

제3부

8만 마리 물고기가   078

갯비나리   080

바다의 무늬를 새기다   084

심청이 바다   087

송장헤엄   092

세월을 뒤집어엎다   094

바다는 거의 밀물이어서   100

유조선이 폭발했다   102

전복   104

원목선이 뒤집혔다   106

목선   108

해녀의 맨살   110

제4부

구멍 숭숭 바다　114
달은 바다에서 이지러지고　116
바다에 회랑을 두르고　118
몰운대　120
남외항에 묘박錨泊하다　122
고래　126
다대포구에 와서 노을지다　128
호마이카 바다　132
오르페우스의 바다　134
동두말 등대　137
칠산바다　141

해설 바다에서 읽는 공숲의 지도 _김수우(시인)　144

<일러두기>

* 본문에서 >는 '단락 공백 표시'로 한 연이 새로 시작된다는 표시입니다.

제1부

푸른발부비새

섬에 남은 것이라곤 푸른발의
푸른 다리들뿐이어서
푸른발로 부비부비하면서
조난당한 바다의 말씀들이
쌍으로 춤추듯이 뭉그러지고
구름처럼 둠칫거리다가
흩어지지 말자는 다짐으로
사금파리에 가시털이 돋고
꽁지깃에 뾰족부리가 솟고
절름발이 물갈퀴는 뒤뚱거리다가

갈라파고스 제도
습지의 심장들이라서
혓바닥을 발바닥에 맞대기할 때
습윤의 경계들이라서
귓바퀴를 서로의 입술에 꽂을 때
태평양 무풍대에 달뜨고

산크리스토발섬이 발기할 때
바다는 검은 태반으로
배꼽과 탯줄을 다시 이을 때

달아 문 열어라
그림자는 버려두고 오너라
달의 허리가 흔들리는 야한 밤에
푸른발이 부비부비하면서
푸른발부비부비하면서

감도 있습니까?

골짜기에 숨은 항구
무스카트 앞을 지날 때부터
페르시아만으로 접어들기 전부터
유조선은 등화관제를 했다
걸프전이 한창이었고

공중을 난무하는 초단파 통신은
"감도 있습니까?"
미래의 안녕을 호출하는 게 아니었다
인도양 산호충의 뿌리가 뽑혀나가고
상층대기권이 뒤집어졌다
전파의 통달거리는 늘어났지만
뱃놈들은 브릿지에서 더 외로워졌다

호르무즈 해협이 목을 누르고 있었다
포경선의 갬Gam*처럼
불통의 낱말들이 건네졌다

뭍에서 밀려난 자들 사이로

절름거리는 말들이 오갔다

뱃놈들의 귓바퀴가

새된 소리를 감청하고 있다는 소문이

바다를 배회하고 있었다

감도가 감도를 묻고 있었다

여기는 서아시아의 바다인데

메두사의 뗏목이 떠다니고 있었다

메카 순례 항로가 폐쇄되었다는

급전이 날아다녔다

"감도 있습니까?"

미사일이 아라비아 갯골을 파고들고 있었다

* 갬Gam: 두 척 이상의 포경선 사이에 이루어지는 사교적 교류.

쇄빙선

발트해 지나
상트페테르부르크 초입 들어서자
너덜겅처럼 엔진 소리가 들끓었다
화물선이 몸뚱이 채 진저리쳤다
항적은 툰드라의 비행운처럼 제 꼬리를 물고

빙붕의 허리가 휘청,
뱃길이 접힐 듯 꺾어졌다
마냥 밀어붙여서 될 일이 아니라서

엄동에는 오래 허리를 그러안을 일이다
뭉근한 아랫목의 사랑법이 그러듯이
샅이 데워지고 발굽을 세워서
썰매 날이 얼음을 흘레붙듯이
비탈을 올라탄 씨황소가
목덜미를 짚어 지긋이 눌러갔다
동토는 은근하게 녹아내려야 한다

\>

돌아보니 길이 닫히고 있었다

우둘투둘했던 낱말들이 봉합 중이었다

복창을 앓던 난바다 가라앉고

푸른 도깨비불이 날았을까

다시 고요, 연금鍊金의 얼음꽃이 피었다

당신의 심중으로 헤엄쳐가는

향유고래의 교신이 은밀했다

물 아래로는 뜨겁게 녹는 중이고

뱃길을 내야 했다

당신에게로 가는 길을 열어야 했다

천측항해

1. 박명시薄明時

별을 끌어내렸다
별은 제 발로 내려오지 않는다

이제 밤길을 가야 하는데
성간星間이 흐릿했다
구름은 저 아래로 표류하고
항해사는 두 다리를 버텨 섰다
가까스로 수평에 눈을 맞추고
별똥이 떨어지는 자리를 살폈다
알테어牽牛星와 베가織女星를 겨눠서
먹줄 쳐 놓은 수평선으로 끌어내렸다

시간은 천천히
미명을 불러왔다
>

어둠과 밝음이 엇섞여야

바다는 제대로 자리 잡는다

시리우스天狼와 데네브白鳥가 차례로 잡혀 왔다

만화경처럼 별들이 태어나기 시작했다

거울과 유리창을 맞대고

섹스탄트를 곧추세워

좌우로 흔들었다

일순, 정지의 순간이 지나가고

바다가 바르르 떨렸다

거울에 비친 하늘과

선창 너머 바다가

푸른 점선으로 겹쳐졌다

해도의 좌표 위에

검은 빗금이 그어졌다

2. 오차삼각형 誤差三角形

항해사는 커튼을 치고
해도실로 들어섰다
여름의 대삼각형*이
해도 위에 내려와 있었다
천측계산장을 폈다
허상을 가려내려고
천측계산표로 별들의 합合과 차差를 구했다

딱 맞아떨어지지 않았다

우리의 항해는
구면삼각함수**로 풀어내야 한다
오차삼각형 안에
당신을 위리안치한다
바다가 잠시 흔들리고

배가 간신히 빠져나갈 틈이 생겨났다

별이 끌려오고

지구가 흔들리고

어둠은 불온하게 굴절 중이었다

　

　

* 대삼각형: 알테어, 베가, 데네브가 이루는 삼각형을 말한다. 여름철 별자리를 찾는 데 기준이 되고, 항해사가 천측할 때 주로 사용된다.
** 구면삼각함수: 구의 세 대원의 호로 이루어진 구면삼각형의 각의 크기와 변의 길이의 관계를 표현하는 함수.

나침반

바다는 방향을 모르네

풍배도*의 장미 화살로

바람을 가늠해 볼 뿐

어차피 항해는 추측으로 하는 거지

자유롭게 떠 있어야 하는데

어디서 멈춰야 할지 몰라 떨다 보면

국자가 남쪽을 가리키기도 하지

매생이 떠다니는 바다는 미끄러운 녹색

사막의 수반에 별을 띄우고

달의 방위를 지우면

바다는 말 더듬듯 어눌해지지

자계磁界의 바다는 흐릿하여

등대의 빛을 보정補正해보지만

서역으로 가는 사막에서는

작은 물방울만 떠다니고

다리 분질러진 콤파스로는

찌그러진 달밖에

그려내지 못한다네

수전증에 걸린 듯

부르르 떨리는 손 맞잡고

트레몰로 트레몰로로

다 같이 돌고 싶은데

미처 한 바퀴도 돌지 못하네

바다 요정들이 지느러미 세워

물 위에 그려낸 그림

파도가 쓰러져 내리며 지워버리네

하얀 지우개 똥이 흩어지고

바다는 여전히 방향을 모르네

* 풍배도: 어떤 지점에서 일정한 기간 중의 풍향별 빈도를 방사 모양의 그래프로 나타낸 그림.

무중신호

바다에서 맨살로 만나 서로
섞이다 보면 눈 뜰 수가 없어
뼈마디까지 젖어 자욱한 이류무

물기에 젖은 바람
스멀스멀
물알갱이로 떠다니다가
잠시 고요
부끄러이 만져지는 멍울들
뭍에 닿지 못하는 물소리는
물알 속으로 스며들어

바다가 삼킨 소리
삼사십 년을
떠돌다 정지 화면
경계 허물어진 바다에서
안개비 젖은 알몸으로

무애撫愛의 모스부호를 타전하고

일 분에 장음 한 번
살아있음의 뜨거운 목청끼리
번갈아 껴안다 안개꽃, 온 바다에
밀려가서 북태평양 하나쯤은
보이지 않아서 자유로운 만큼
바닷속은 젖몸살을 앓고
차마 눈 뜰 수가 없어
뼈마디까지 젖다 보면
잠긴 목소리 단음 다섯 번
물소리 깨어나서 속살이
매끈할 거야 맨살로
서로 섞이다 보면

이류무 移流霧

바다에서

떠다니는 것들은

언제부터

죄다

안개라고 부른다네

오리무중으로

바다가 온통 떠다니다

당신의 손은 벌써 뜨거운데

물방울은 아직 차가워서

당신이 온몸을 더듬어 가도

바다는 허리 아래로만 발열한다네

청맹과니 바다

자줏빛 아네모네,

바다는 속절없는

입맞춤으로 가득했다네

말미잘 촉수처럼 넘실거리며

해도海圖 한 장 없이

바다를 배회한다네

발목이 잘렸다고 하대

장막을 쳐달라고 할까 봐

물푸레나무 지팡이는

더듬이 촉수를 높여서

해파리가 되었지

발들이 춤을 춘다네

바다에 와서 눈 감은 죄밖에 없는데

낮게 낮게만 가라고 하대

오이디푸스여 바다로 와야 해

당신의 눈을 감겨드릴까 해

당신의 발을 씻겨드릴까 해

애욕을 풀어헤치는

아네모네,

그래도 바다로 와야 해

모터 탱커 쌍코 프레스티지 M/T SANKO PRESTIGE

 카리브해와 뉴잉글랜드의 항구를 남북으로 왕복했다 피스톤처럼, 기체의 압력에 굴복해서 허리가 휘어졌다 재화중량 Deadweight 8만 톤 다국적기업에 용선된 쌍코기센三光汽船의 유조선은 아루바에서 경유를 싣고 퀴라소에서 납사를 싣고 멕시코만류를 무쌍하게 질러가다가 미시시피강을 거스르다가 쌍으로 코피를 쏟았다는 걸프전 소식이었다

 아류亞流 일본제국의 위신Prestige을 세워주려면 기울고 비틀린 용선계약도 지켜야 했다 반도의 용병들은 토막잠까지 팔아야 가까스로 고국의 은행으로 소꼬리를 송금할 수 있었지만, 여전히, 가계家計의 외환 사정은 빠듯했다 삼광으로는 점수가 나지 않는 섰다판이었다

 서인도제도의 백사장을 질서정연하게 점령한 식민의 정유공장에서 양코배기들의 식탁으로 일용하실 기름을 배달해주어야 했다 부실한 뱃놈의 발바닥은 부르트고 석자코三光는 프레스기機에 눌렸는데 사나이 오줌발이 먼저 주눅 들어버렸고

산동네 연탄 배달부의 발목도 결딴났다는 후일담이 전해졌다

 50항차를 채워야만 일 년 용선계약이 매조지 되었다 살인적인 운항스케줄을 짜는 배선配船담당자에게 제발 잠 좀 자게 해달라고 잠시라도 쉬게 해달라고 통사정했지만 시답잖으면 뭉개는 게 해적의 불문율이었다 분초를 다투어 작업지시를 내리는 전보문은 카우보이 해적 엑손 컴퓨터의 농간질이었다 고국의 살뜰한 해외선원 송출회사는 계약 만료일이 지나도 배에서 내려주지 않았다 바다 가운데에서는 비행기가 뜨지 않으니 '신자유주의'를 삼행시로 써낼 수 있으면 종이비행기라도 보내주겠다고 했다

 싸늘한 바다 위에서는 씹고 뱉어내는 입만 살아서 떠다니고 바닷속에서는 시간이 토해버린 말들끼리 뒤척이고 섬에 갇혀버린 넵튠의 삼지창에 처음부터 귀는 없었던 건데 포세이돈은 바다라서 무정했던 건데

독한 기름 냄새에 코가 썩어 문드러지고 세 갈래 빛에 쬐인 아배의 정충은 시들고 있었다 유창油艙에서 출렁일수록 기름은 새까매졌다 매니폴드manifold에서 매끈거릴수록 끈적끈적하게 푸른 멍이 들었다 그래도, 재하청 받은 제국의 바다는 요지부동이었다 요즈음 바다에서는 뱃놈을 받아줄 삼신할매가 사라졌다는 풍문으로 파도가 들썩이고 난리법석이었다

견습항해사

아프라고 했다

아프렌티스Apprentice를 줄인 말은
조랑말처럼 종종거리다가
제 발로 종이 되어가는 중이었다

갑판에 뚝뚝 떨어지는 기압을
항해일지에 또박또박 받아 적다가
기압이 빠졌다고 뺏다를 맞았다
배가 흔들렸다

일 년 선배는 하늘이어서
낮에도 총총 별이 박혔다
바다에서는 죽을 순서도 따로 정해져 있었다

바다는 어중간해서
멀미가 심했다

속이 메스꺼웠다

조타실 난간대를 잡고

두 발로 꼼짝없이 버텨야 했다

바다에는 숨을 곳이 없지만

바다에는 매골할 곳 천지였다

뱉어내지 못한 멀미는 누렇게 썼다

현해탄을 간신히 건너서

시모노세키에 표착했다

여전히 흔들리는 섬이어서

땅이 후들거렸다

한번 흔들린 다리로는

딛고 설 땅이 없었다

미국 전함을 개조한 코리아챌린저호

조타실은 여전히 어두웠다

허리 묶인 반도는 여전히 견습 중이었고
배의 무게중심은 녹슬고 있었다

실습항해사는 발음하기 어렵다고
그냥 아프라고 했다

등대선 燈臺船

당신을 기다리다
무릎이 주저앉았어요
당신에게 다가가려고
다리를 잘라냈어요
혼곤한 배가 되었어요
외롭다는 거, 바다에서
떠다니다가
쓸려 다니는
모래톱에 얹혀
등대선이 되었어요
습한 숨을 몰아쉬면
외로워요, 그러니, 이제는
가까이 오지 마세요

북해는 왼쪽으로 쏟아져 내리고
대서양의 밤을 한 시간씩 잘라냈어요
흔들리는 잠을 잘게 썰어냈어요
자동차운반선을 몰아

편서풍을 타고 북해까지 왔어요
항해사의 눈꺼풀이 감기네요
등댓불은 가위눌리고 있어요
안개 무게에 눌려, 무적霧笛 소리
바다 언저리에 낮게 깔렸어요

배가 배를 밀어내고, 바다에서는
길과 길이 섞이지 않도록
서로소素가 되어야 해요, 배들은
드러누운 자세로 느릿느릿
유령선처럼 떠다니고 있어요
당신에게 다가갈 수 없는 만큼
모래처럼 흐르고만 있어요

도버 해협

북해가 대서양으로 쏠리고 있었다
양수가 터지듯이
지중해가 합류했다
멕시코 만류가 해적을 키우고 있었다
비단을 찢는 소리가 날 거라고 했다

구라파의 강들을
바이킹의 배가 넘나들기 전
모반의 빙하 흐름이
모래를 실어 나르고 있었다
지협은 안개 무성한 해협이 되었다

거대한 벽이 만들어져서
양안이라고 치부했다
식민지가 양산되자
친선의 교차로라고 우겼다

제국의 배들은

불화의 씨앗들을 날랐다
노예선은 난파 당할 운명이었다

훗날 제국의 연안이
물 아래로 가라앉을 거라는 게,
묵시록의 줄거리였다

사르가소해

새가 날지 않았다
물고기도 헤엄치지 않았다
광막한 바다였다
바다에 발이 묶였다
바다에 둘러싸인 바다
고립무원의 바다에서
편서풍이 전향하면
바닷물이 모여들었다
하얀 쓰레기들도 꾀어들었다
회귀선 근처에서
소용돌이가 일었다
배들이 나아가지 못하자
뱃놈들은 아사했다
해초들이 엉켰다는
소문이었다
그래도 붕장어는
여기 광막한 바다에 와서

알을 낳는다

크레올의

광기였다

처녀 입항

할리팍스항* 언저리

입 꼭 다물고 있었지

입구의 어지러운 섬들 톱날 세우고

쉽게 열어줄 길은 아니라면서도

선지피 뿌리며 안개 흩뿌리듯이

해무에 뿌듯이 젖어 있었지

밀려만 다니던 매일의 수평선이

너울처럼 자부라져서라도

끈끈히게 부딪치고 싶어

자욱하도록

등댓불은 꺼드릴게요

늑골까지 절은 부끄러움

거친 호흡 심장까지

헤치며 가르던 칼질, 어스름

아가미 질긴 사랑이야

우리 흔들리지 않게

저 아래 선홍으로 꿈틀대는

할리팍스항 부두에서

홋줄 걸어

껴안고 만나야 하는

애절한 맨살이야

*할리팍스Halifax항 : 캐나다 동부 노바스코샤주에 있는 항구. 타이타닉호의 구조작업 기지 역할을 한 곳으로 유명하다.

제 2 부

흘수선吃水線

바다는 구황의 시절, 쓴물까지 게워내도
목숨줄이 간당간당했다
모서리까지 까불려지고 나면
수평의 자세가 흔들렸다
도사리지 않아야 했는데, 바다에서는
불구한 만큼 불경스러웠어야 했다

말 더듬으며 살아온 죄,
굽은 어깨를 가지고 태어난 죄스러움으로
도사리는 떨어져 나가야 마땅했지만
비늘은 떨어져 나가지 않으려는 안간힘이었다

바다는 피밥이거니와,
뱃놈들은 피죽을 쑤어 먹었다
무심한 수초 사이로, 설핏 홉소리
흐트러진 방위를 가늠해보았지만
항정선은 위도와 경도를 뒤섞고

홀수는 모자란 듯 위태했다

배 둘레에 샅바를 걸치고
생과 사의 경계를 다투었다
한입 베어 삼킨 만큼씩 배는 가라앉고
안간힘을 쓸 때마다 다리는 풀리고
기울어진 갑판이 울렁거리고
들뜬 호흡은 물에서도 잘 풀리지 않았다

저조선 아래로 가라앉지 못한 것들이
외판에 눌어붙어 있었다
배의 옆구리를 삐져나온
간숫물이 물구나무서고 있었다
피사리 당하지 않으려고
날치가 바다를 메어꽂고 있었다

태풍주의보

반대쪽으로 여십시오
우유는 씹기가 힘들어야 해요
양쪽으로 밀면 넘어지거든요
뿌리는 흰 게 알짜에요
뽑히는 것들은 대강 그래요
무너질 때만 보이는 것들이 있어요
꿈은 흔들어야 마실 수 있어요
아침에는 감기는 맛이죠
안기면 또 어때요
부디 타액은 서로 섞이도록 해야죠

남쪽에서는 반대편도 좋다고 해둡시다
가정법은 과거형에서 비롯한 거니까
양쪽으로 열리는 문은 없어요
시계바늘이 돌아가는 방향이라 해요
왼쪽 반원은 위험해요
>

적도를 목에 걸쳤어요

무풍지대에요

바람이 부스러져서

오히려 바다가 통째로 위험해요

비상시에는 반대쪽으로 문 열고 나오세요

바깥쪽으로 들어가고 싶을 때 말이에요

헬리콥터 날개가 휘도는 방향으로

나팔꽃, 메꽃, 칡, 사랑은 오른쪽으로 감고

인동, 한삼덩굴, 매듭은 왼쪽을 사랑해요

등나무는 양쪽으로 애매해서

금줄을 걸기에 적당해요

바다에서는 그렇게 저기압이 불어요

도망갈 곳이 없어요

아니 사랑해버릴까, 해요

널배

1. 민달팽이

다리를 잘라버리자
바다에서는 발이 저리더라도
맨발을 배에 접고 다니자
괄태충의 괄약근이
오므렸다 펼치듯이
바다 장미를 피우자
진주였을까
벌교 참꼬막처럼 쫄깃하게
바다에 괄호를 쳐보자

널배에 한 발 걸치면
외줄 타는 심정으로
태양은 쳐다보지 마
갈매기가 상여살 맞아
추락하듯이

갯벌이 회전하네

머리가 핑하니 창백해져

안개는 옆으로만 흘러가는데

아라베스크 당초무늬로

아롱지겠다

현기증, 이석증

물 위를 떠다니지 않도록

백회혈을 짚어줄래

식은땀이 흐르네

2. 물수제비

이쯤에서 가라앉고 싶어

바다의 혈자리

갯지렁이가 꼬아가는

허방마다 꼬막의 씨를 심을게요

지푸라기 새끼줄 풀면

나방이었어요

손목에 스냅을 달아주세요

납작한 돌일수록 잘 떠요

튕기거나 들뜨기의 난반사

나 방 있어요

파밭 고랑 타 볼까요

어지러워요

쥐었다 놓아주기를

죄었다 풀어놓기를

실핏줄이 자폭하듯이

파종을 파국이라해요

홑뿌리는 제 발로 파쇄해주세요

이제 저를 뉘어주세요

바다 무덤에 묻히려고 해요

3. 울혈

바다가 울컥 일어섰다

등골이 곤두섰다

돌연 솔개바람이 일고

뻗정다리 검푸르게

물의 울혈이 맺히거든

물이슬 물서리

꼬막의 어혈을 벌컥 들이키세요

현기증이 요분질할 거예요

차라리 분탕질할까요

착란의 현혹일 거예요

빈혈의 발바닥이 시려요

닥나무 창호지가 일렁이네요

팽나무 이파리는 암갈색

바다에 혼불이 날아다니네요

4. 갯지렁이

파도들의 생멸이었구나
좁쌀들의 알몸 공굴리기였구나
어둠 속의 그림자 갈무리였을지 몰라
움찔움찔 어질어질
뒤로 뒤로 밀어내다
거꾸로 서는 수평이구나
뚝 분질러 떨어져서
감또개처럼 굴러가는구나
욱여넣었던 사랑의 죄들
갯지렁이 허리처럼 풀리는구나
바다는 검은 거울이구나

5. 게 눈

겨자 강판이겠거니

낙지발 흡반이거나

미나리꽝에는 거머리

소금꽃에 겨워

절뚝 절룩 흘끗 휘번득

곱사등이 춤을 춘다

냉이 아재비 미나리

고양이 꼬리에는 눈이 아홉 개

눈 부릅뜨고 엉덩이는 띄우고

라마즈 호흡은 물고기 자세로

탯줄이 꼬였구나

웅크리면 말똥은 뭉개지고

진흙 발 무거우면 털어 버리고

항문을 조이며

바다를 바라다보는 거야

등대불이 휘둥그레지도록

바다에는 과꽃이 피었네

6. 뻘구멍

등이 굽은 자들아

무릇 바다는 너희의 무덤이려니

눕거나 잠들어도

흰 바다가 너희를 받아내리니

관뚜껑을 열어두면

옆구리가 터지지 않지

대퇴골 슬개골 닳도록

굽신거리는 자들은

빨아들여 주겠다

소용돌이치는구나

울돌목 목울대 내려쳐 줄게

편히 몸 던져 죽어가라

섬들이 뻐끔뻐끔 숨 쉬거든

우리 어우르듯이 뻘모래 뭉쳐서

숨구멍들아 잔치를 펼치자

귓구멍들아 굿판을 벌이자

눈먼 자들아 마당놀이 놀자

뻘흙으로 네 눈깔을 빚으리니

7. 망둥어

배지느러미는 맞붙어 빨판을 이루었지

썰물을 따라가지 않았어

둔덕을 뛰어넘자

암갈색 허방이었다

구멍을 뚫어 알을 슬었다

암컷은 알주머니를 터뜨려 떠나고

수컷은 남아 바다를 지켰다

구멍을 사수하려는 지극함이여

8. 현기증

버티고 싶었다
바다가 어지러웠다
앞으로 엎질러졌다
내장들이 쏟아지고
상여가 덜컥 섰다
뻘이 고동치고
뻘그림자가 쭈뼛 섰다
갯장어 관절이 뚝
바다 독사는 쉬쉿 허헛
널배의 심장이 가팔랐다
어찔어찔한 사랑이었나
어릿−줄−광대는 삼현육각을 잡고
어름산이와 살을 섞었을까 몰라
스라소니의 회전목마 꺾기였나
황새치는 공중회전

줄다리 터지는 불꽃놀이

어름줄타기는 옅은 얼음지치기였을까

외무릎을 꿇고

실장어로 새끼를 꼬고

어름줄은 거미줄처럼 늘여라

뒤를 훑으면 안돼

주리 틀지는 마라

줄포 곰소만 조기만 알젓만 삭는다

개펄은 줄풍류로 세피리 불고

장구는 변죽만 울리고

까치는 깨금발로 날아오르다 말고

멍울지고 멍들고 푸른 뻘맥을 짚는다

킹스턴 밸브*

팽팽했다
살갗으로 숨 쉬고 싶어서
푸르다는 이유로, 바다는
굴신이 어눌했다
아가미 호흡 중이었다
당신을 잡아당긴 것은
달 그림자였다

뭉근하게 불사르고 싶었는데
볼살이 달아오르도록
파고가 가팔랐다
외판의 페인트가 들뜨고
격벽이 들썩였다
끓어오르기 직전의
터져버리는 비등점이었다

온대우림에서처럼

당신을 소진하고 싶어요

온건한 비의 자세로

혈류의 염도를 낮추어야 해요

냉각수가 돌아야 해요

킹스턴 밸브를 열어야 해요

* 킹스턴 밸브: 배 안의 물을 바다로 빼내거나 배의 내부로 해수를 빨아들이는 연결 밸브.

갱웨이 gangway*

잔교(棧橋)를 걸쳐 놓았다
절벽을 건너가라고
절벽과 절벽 사이를
배가 땅에 내리라고
땅이 배에 오르라고
노골적으로 가파른
널빤지를 걸쳐놓았다
간만(干滿)이 차이졌다

옆구리를 돌아
산허리를 꿰어
에두르듯이
갱웨이를 올랐다
생쥐 떼가 서둘러 내려갔다
간만의 차이가 지워졌다

바다의 낯이 설면

신들메 동여매고

왼쪽 난간을 넘어가라고 했다

뱃전 밖으로 걸쳐 놓은

널판 위를 걸어가라고 했다

두 눈을 가린 채로 걸어가야 했다

떨어져야 할 자세로, 물 아래로

사라진 얼굴들이 먼저 와서

비틀거렸다

배에다 기둥을 세워야 하는데

윙 브릿지에 서서 버텨야 하는데

물속 궁륭이 무너져내렸다

파도의 골은 자지러지듯 거룩해서

다리가 지레 풀렸다

바다가 되직해졌다

* 갱웨이: 육상과 선박을 연결하여 사람들이 오르내리는 현문 사다리.

거멀못*

나비 양 날개를 엮어 접붙였다
외판을 꼬아서 옥죄어가면서
멍에駕木**로 버팅겼다
비틀린 가슴들을 덧대는 건
피삭皮槊이라는 나무못
박히는 속도만큼만 안심했다

그래도 물이 배어 나왔다
디근, 지그시 입을 다물 일이었다
밀물을 비끄러매었다
디근, 다시 당겼다
꿰매지 못한 썰물은 엇붙여 썰었다
물구멍 듣는 소리를 끓여내고 싶었다

대패질로 노꾼의 걱정을 눅여보지만
장판杖板 틈새로는 칠성七星이 불거졌다
촉꽂이 이음은 네모라서

바다에서는 나무도 쐐기라서

앙가슴은 당겨지지 않았다

삐걱거리는 두 겹 후릿그물 노래를

맞댈까 덧대어야 할까

뱃놈의 명줄 기워 붙이려, 널판을

쳐대고 다져서 다듬어낸 접사接辭

거멀못, 허리춤에 찔러 넣고

벌어진 틈 송진 이겨 채워놓아서야

바다 하나쯤 거뜬히 포개졌다

켜켜이 붙는 접속사들이었다

* 거멀못: 나무 그릇 따위의 터지거나 벌어질 염려가 있는 곳에 치는 ㄷ자 모양의 못.
** 멍에: 뱃전 위에 가로로 설치하여 횡강력을 보강하는 선재.

예인하다

바다가
섬을
끌고 가고 있다

수제비
뚝뚝
뜯어가면서

어쩌면
바다 하나
일으켜 세워

낭창낭창
개줄을
끌고 가고 있다

나문재

당신 얼굴에 패인 협곡으로 노을 물들고
빨갛게 짠 염초의 비린내가 흐르고
노곤했던 하루가 사막에 물결치고
서해로부터 들이닥치는 황사는 쌓여가고
퉁퉁마디마다 하얗게 열꽃을 태우더니
당신은 기어이 바다를 불러냅니다
누런 초원을 막아서는 돌무더기들과
죽은 호수를 밟아오는 불도저의 그림자와
야생의 삶이 스러지는 것들로
늦은 하늘엔 시 한 점 뜨고 있습니다
비바람이 때로는 세게 때로는 여리게 들치고
참게들이 집게발로 나르는 아픈 멍울들
바다로 흐르지 못하는 소금알갱이로 맺혔습니다
어부들이 거친 손바닥으로 써레질하는 소리가 들립니다
끝내 바다로 가지 못한 것들이 앙금이 되는 소리입니다
미처 숨지 못한 갯강구들이 무리짓는 소리입니다
삼킨 바람을 동그랗게 말아 토해내는 뻘밭의 소리입니다

꼼장어

진눈깨비 내리는 저녁이었다
발가벗겨진 바다는
어둠을 말아 밀어내고 있었다
짚불을 지폈다

송곳에 대가리를 꽂았다
머리부터 꼬리까지 훑어서
껍질을 벗겨내고
내장은 까발겨서
바닥에 버렸는데
바다가 벌겋게 달아올랐다

다른 물고기의 살과
내장을 파먹는
먹장어라고 했다
눈이 멀도록
바다를 빨았다

여전히 출렁거리는
바다의 힘줄이었다
세상은 그렇게 끝나지 않을 거라고
폭풍은 안에서부터 시작하는 거라고
토막을 쳐도 꿈틀거리고 있었다
불판에 오른 바다가 아우성치고 있었다

준설하다

게의 집게 발가락이
집는 것은 물러 빠진 뻘이 아니었다
발가락이 먼저 오물거렸다

당신 가슴에 갯골을 내겠다는 것이다
편평하게 굳어버린 심중을
여기저기 헤집어 놓겠다는 것이다

애먼 발목을 싹둑 자르기도 할 터인데
그게 당신에게로 가고야 말겠다는
청동 갑옷의 각오라는 것
더러 허공을 가르기도 하겠지만
검은 책의 등뼈를 훑듯이
점토판을 파 뒤집는 심정으로
어둠을 캐내고야 말겠다는 것이다

소태나무 껍질로

당신의 위벽을 긁었다

갈대뿌리가 점액질을 쏟아냈다

담즙을 빨아 들이키고 싶어지면

한쪽 발이라도 기형으로 키워서

사티로스의 춤을 추겠다는 것이다

절지의 심정으로

폐엽의 가지를 쳐내고

엉클어진 뿌리는 주워 담아서

먼바다에 버리고 오겠다는 것이다

물어뜯고 빨아들이고

흡착한 채로

어둠의 물길은 그렇게 깊어지는 것이다

깡깡하다

갯바람 쐬며 쏘다니다 얼굴까지 얽어버렸지
철선 용골은 사르가소해까지 훑고 다녔다네
살점 뜯어먹히고 엉성하게 늑골 드러나도록
미련스럽게 떠돌기만 하던 뱃놈 발목을 움켜잡고
질기게 따라다니던 따개비는 떨어지지 않고
불그죽죽 주름벽은 위태로워 외줄타기라네

깡깡이 망치로 바람벽 두들겨
당신의 역마살 펼 수 있을까
피멍울 터뜨리고, 내장 까뒤집고

거기 안에 누가 계세요
불그뎅뎅 들뜬 각질만 떼어갈게요
모루뼈가 울려도 참아내세요
바닷말이 우리네 골육을 살찌우죠
헐렁해진 말들은 깡깡해주세요
타앙 탁 탁발하는 목탁새

남루한 외벽에 매달려

무얼 찍어내려는가

당신이 먼바다에서 타전한 모스부호는

가시주엽나무 바늘끝에라도 매달려보라는

생계형 주문의 거룩한 말씀인데요

까앙 깡 깡깡해지라는 전언으로 고쳐 읽어요

햇살 쏘인 소금물은 뜨겁지만요

달빛 절인 속내를 열어 보일게요

버즘나무 껍질 덧나는 신열은

철 수세미로 다스릴 수 있나요

쓰러졌던 파도가 여기저기 일어서네요

모래처럼 씹히는 꿈

속살만은 끝내 단단해지고 싶어요

양묘揚錨*하다

바깥으로 떠돌아야 했던 환향녀還鄉女**가
행랑채 댓돌에 신발을 벗어놓고
저녁을 비우고 발을 길게 뻗는다
이제는 하지정맥류를 다스릴 시간
연통은 심장보다 높게 올려서
눌어붙은 그을음을 뿜어내느라고 울컥,
멈춰버린 나선 추진기를 위해
이물에 그물로 짠 흑구***를 게양했어요
저에게 가까이 오지 마세요
오랜만이라 손이라도 잡아보고 싶겠지만
차라리 발목을 잡아요
쇠고랑이라도 찰게요
저는 속수무책이에요
황천에 달궈졌던 엔진에 실금이 갔을 거예요
내연의 심장을 해부해주시겠어요
실린더가 깨졌거나
피스톤이 과열되었을지 몰라요

가쁜 숨 잠시 몰아쉬게 해주세요

저에게서 떨어져 주세요

보일러가 터져 버릴 수도 있어요

바다는 떨어져서도 사랑을 나누는 법을 알죠

햇빛 알갱이들을 물로 적실 줄도 알아요

우리 처음부터 떨어져 살았듯이

엉키지 않아야 해요

다시 떠날 준비를 할게요

실패를 감듯

묘쇄를 감아올려 주세요

* 양묘: 닻을 감아올림.
** 환향녀: 왜란이나 호란 때 타국으로 끌려갔다 고국으로 돌아온 여자.
*** 흑구: 배가 엔진을 끈 상태로 정박하거나 표류할 때 마스트에 게양하는 형상물.

3등 항해사와 1등 조타수

싸드사*, 여기는 왜 왔어요
어둠이 편해져야
배를 탈 수 있는 거야요
다대포에서 정치망 망쳐먹고
외항선을 탄 헷또**의 걱정이었다

어둠을 서서히 익혔다
해신의 발을 빌려 가파른
계단을 올랐다, 짜부라진
동공이 서서히 부풀어올랐다

원유선 브릿지까지
어둠이 유장하게 차올랐다
어둠은 방향이 없어서
어둠을 한 움큼씩 떼어내면서
카리브해를 항해했다
빛을 찾아내야 하는데

빛을 찾을까 봐 불안해졌다

말을 늘여서 하는 버릇을 들였다
허튼 말씀으로 바다를 채워갔지만
시간은 좀체 죽지 않았다
뭍에서 못 삭힌 속내를 들킬까 봐
전주등全周燈*** 을 켜지는 못했다
한참을 내다봐도 바깥은 검은 물이었다
어둠이 바다를 삼키고 있었다

싸드사는 총각이라서 배 탈만 해요
헷또는 젊은 마누라가 걱정이구요

* 싸드사: 3등 조타수, Third Officier의 약칭.
** 헷또: 1등 조타수, Head Quarter Master의 약칭.
*** 전주등: 360°를 비추는 선박의 등화.

제3부

8만 마리 물고기가

저 검은 계곡을 거슬러
핏대 피워 올리는 봉화를 보아라
물금勿禁*의 은어들 비늘을 뻗치니
산맥 하나는 거뜬하구나
미륵이 굽어보는 서슬에 소스라치지
마라, 뒤돌아보지 마라, 결연히
사지가 굳어버려도 좋다
제방이 무너지고, 사기그릇이 깨지고
물고기야, 어리석은 듯, 부레 풀어
나찰녀는 번개를 쳐댔지
구름과 비, 휘몰아, 몰아칠 때
독룡의 뼈를 우지끈 세워
부처의 배꼽 후벼 파보자
바람은 핏빛 산허리를 휘감아
인어가 헤엄쳐 오르게
부처는 너부러지게 놔두고, 너덜너덜
드러눕지 말고, 낮게, 더 낮게

8만 갈래 길을 열어보자, 원효야

발목이 잘린 석장錫杖을 내리치며

돌 속의 부처를 꺼내 난도질 쳐보자

샘물아 나와라 물아 솟아라

물고기 지느러미가 홰를 치는구나

돌부처의 젖은 혀는 독살, 고샅 훑어내려

바다의 허리 아래는 후배위, 울울창창

아야사산** 보살님네 등이 뜨겁구나

껴안아라, 꼬옥 안아보자,

돌과 물처럼 만나, 살구나무처럼 사통하라

살모사야, 사루비아야, 그렇게 살아내라

* 물금勿禁: '금하지 말라'는 뜻이다. 신라와 금관가야가 낙동강을 사이에 두고 정한 곳인데, 왕래를 자유롭게 해달라는 기원이 담겨 있다.

* 아야사산: 만어산의 다른 이름. '물고기', '낮은 산'이라는 뜻이 있다.

갯비나리*

넘실넘실 기어가자
고꾸라지라지 고꾸라지더라도
너물너물 미역 줄기 꺾어 물고
재 넘어 몬당 너머 가자
무담시 무담씨 가고 보자
여닫이 여다지 어기여차
뻘배 밀고 짱뚱어 다리 저어서
노 당겨 여미고 밀어젖히고
사금파리 쭉정이 잡아채고
소여물 씹어 삼키고
개숫물로 명치 훑어내려
구정물 한 사발로 목축여서
뼈마디 마디마디 저리더라도
삭신이 보타지더라도
가다가 또 넘어지면
문둥이 손도 잡아주자
시그리불**에 눈이 시울더라도

오얏꽃 무늬 꽃살, 조갯살

물결은 꽃누엣결*** 누엿누엿

누에는 누에고치는

나락은 나락이라서

누에섶 물결치듯이

뉘라서 낟알들 성게알

굼실굼실 재를 넘자

달랑게는 모래밥 지어

용궁 가는 길 내는데

모래무지, 모래밭에 묻고

물살에 밥 뿌려주러 가자

어쨰사 쓸까 어쨰사

맞대거리 하러 가자

두 주먹 부르트게

앙다물고 꽉 다물고

갯둑 갯바위에

달거리 피 묻히러 가자

개짐을 칠하러 가자

바다가 일어서도록

시뻘겋게 시퍼렇게

집게발 휘둘러 소리쳐보자

뻘밭 긁어서 바지락 반지락

송기는 벗겨 먹고

멥쌀가루 섞어 송피떡

나눠 삼키고, 눈물 머금고

눈자루 세우자 핏발을 올리자

꺾이지 말고 거세게

꺽지처럼 꺽세게

그레 그레**** 갯벌을 긁자

조새 조새***** 꼬나물고 꼬나보자

육박해보자 싸워보자 깨지더라도

다시 싸워보자, 다시 또다시

욱신욱신 들끓어보자

까치놀******까지 까치놀까지 가보자

* 한승원의 『갯비나리』와 고은의 「갯비나리」를 읽고 씀.
  ** 시그리불: 바다에서 밤이면 일렁거리는 물결을 따라 일어나는 미생물의 인광.
  *** 꽃누에결: 드높은 파도 위에 생기는 흰 거품.
  **** 그레: 갯벌을 긁어 백합, 동죽, 모시조개 등을 캐는 도구.
  ***** 조새: 굴 껍질을 까고 속살을 파내는 데 사용하는 연장.
  ****** 까치놀: 석양에 멀리 바라다보이는 바다의 수평선에서 희번덕거리는 물결.

바다의 무늬를 새기다
— 해인의 팔만대장경

해인海印은 벼랑이라
바다를 산중에 일으켜 세우고
해민海民은 남녘의 산벚나무 누이고
바다로 돌아가는 바람이었다가
다시 돌아보는 숨이었다가
돌배나 후박의 목숨을 모았다

해경海經을 새긴 것은
그래도刀라는 칼끝이었다
뭇짐승들 시린 오줌발이
산허리 허리 길을 내고
산호충의 촉수가 바다를 휘저었다

온 산이 졸아들면
나무 창살 너머
죄수들이 들어앉아
한 획 긋고 한 줄 갈아

바다를 보듬어 내고 있었다

탁발 보시 비구니 발목을 절여서
바다의 평등한 분별에 해海치겠습니다
스님이 거시기가 크다니요, 그러다가
바라鉢羅 다 깨트리겠습니다
바라哱囉 발 울리겠습니다

오늘은 조금 물때 물 하늘 지나
검은 골짜기 아찔한 바람 여신
외설스럽게 늠실늠실
목판들의 바다 위를 출렁이다가
거친 바다 무늬 사랑이겠습니다

얼핏 꼭두, 꼭두각시
바랑의 무게만큼만 바람으로
춤을 추다가, 꼭두서니

끝내 뛰어내리지 못한 죄

온 산이 가야伽倻, 바다가 되겠습니다

심청이 바다

1. 흔들리다

바다에서 뛰어내리는
아름다움이고 싶어요
달빛 바다에
자욱하게 깔리는 바람이
당신의 지극한 소망으로
부끄러움을 벗듯이
저 깊은 살, 속곳까지 적시면
맨살이 자유로울까요
아프게 떠밀리듯이
물길이 열릴까요

물살에 술렁이는 세상의 모든 빛
거스르지 않고 소롯이 담아
청자이듯이
두 눈 감은 세상에서도

바다는 늘 그런 설레임이어서

별빛이 먼저 내려와 흔들리는가요

당신의 눈꺼풀이 이제사 떨리는군요

흔들릴수록 짠맛 우러나듯이

우리 온전하게 섞이는,

사람과 사람이 은밀하게

가슴을 맞대는 바다

그렇게 사랑이고 싶어요

2. 가라앉다

바다가 떨쳐 일어나

무너져 내리듯 크게 춤추면

자세를 낮추어 가라앉으라는

당신의 무거운 말씀

쉽게 사랑하지 못하는 죄

흐드러지게 사랑하지 못하는 죄
사랑은 버리기인 것을,
다시 버리지 못하고
몸 풀어 흐트러질 때
우리 서로 어깨 빌려 버팅기다

바스러지는 바다
비로소 비워지는 바다
그런 춤이고 싶어요
너울거리며 노래하는
그 바다 입술을 보면
빨고 싶듯이
저 깊은 곳은
아름다워서 평안합니까

3. 서쪽 땅끝에 가서 뛰어내리다

피니스테레*에서
심청이 너는 중죄인이다
시퍼렇게 자지러지지 못한 채
처녀로 생을 마감한 죄
눈 지끈 뛰어내리지 못하고
널브러진 자작나무 가지에 매달린 죄
용궁 문 닫혀버렸더랬지
끝내 떠올리지 못할 기억은 묻지 못하고

뱉어내지 못한 말들이 쌓여
저기압 중심에서 부풀어 오른 해면海面
하혈하지 못한 생피들이 폭풍으로 일어
구멍마다 붉디붉게 충혈하는 해면海綿
물 위에 글 쓰다 얻은 업
썰물이 너의 죄를 씻어내겠으므로

온몸 세포들마다 파도-귀 열어두겠으니

자진육자배기로 노래 부르자

길고 깊게 숨쉬면서

변산 수성당 개양할미는

자작자작 서해바다 걸어 나오는데

서산 바다 숨은여** 심어놓고

독살로 고기떼 몰고 가는데

선홍으로 물든 하늘

서풍 불어오는 쪽으로

마지막은 큰 걸음 한 발 밀어 뛰어내리자

* 피니스테레: 스페인 갈리시아 지방에 있는 서쪽 땅 끝에 있는 곳.
** 숨은여: 바닷물 속에 잠겨 있는 바위.

송장헤엄

 여름만 되면 무너져 내리는 앞산이 지겨웠다 포플러 그늘에서 땅따먹기하다가 무료해졌다 밤마다 평상으로 별은 쏟아져 내리는데 물속을 들여다보는 개헤엄을 치기에는 폐활량이 모자랐다 발장구가 숨을 가파르게 할 때쯤이면 드러누웠을 뿐 바다로 떠내려가고 싶었는지도 모른다 단지 가라앉지 않으려고 했을 뿐인데 보리밭이 바람에 쓸리고 뒤집혔다

 송장헤엄을 가르쳐 준 건 치명적으로 세이렌이었다 무인도를 찾는 뱃사람들만 불러내려고 물에서 죽은 사람들만 불러모으려 했다 장송곡은 부르지 않을 거라고, 혼들은 두고 오라고, 진혼의 바다로 건너간 나비들에게 돌아오라고, 나비들의 부력을 걱정했다

 겨울 바다로 떠밀려 간 익사체들은 엎어져 코를 박은 자세로 떠올랐다 자맥질을 미처 배우지 못한 자들이어서 사지에 힘을 주면 안 되는 일이었는데, 함께 죽을 각오가 지참금이었는데, 밀랍이 아니라 쑥을 짓이겨서 귀를 틀어막았어야 했다

>

바다에 뛰어내릴지, 뛰어내렸어야 했는지를 분간 못한 죄를 물어 당신의 뒷목을 잡아당겼다 물아래 긴서방*이, 물베개를 베고 구름을 보라고 넋은 건져 올려 주었다 모자반이 물구나무서서 오래오래 죽어가고 있었다 은갈치가 물에 빠져 죽은 자들의 **뼈**를 발라내고 있었다 은빛 수의가 너울지고 있었다

* 물아래 긴서방: 南島에서 물귀신을 이렇게 부른다.

세월을 뒤집어엎다

1.

아래가 무거워야 했다
대가리가 과분하지 못하도록
낭심은 배꼽 아래에 두어야 했다
홀태질 당하고 남겨진 볏짚들은
절구질에 쓿기다 버려진 뉘*들은
길 나서기 전날 밤에 쓸어서
독에 담아두어야 했다
바닥 고리에 몸을 고박해 두어야 했다
자승자박했어야 했다

밟아주지 않아서
자근자근
다져주지 못해서
들떠버린 자운영 뿌리들은
갈아엎어질 태세로
어디 발붙일 곳 없어

무람없이
떠다닐 수 없어
바닥으로만 떠밀려 내려가야만 했다
플랑크톤이 부유하는 남쪽 바다로
계단은 내려만 가는 방향이었다
아래로 내려만 가는 계단을 밟아
흘수선 아래쪽 바닥으로는
스퀘틀 현창이 간당간당했다
출구가 물 아래 잠겨버리는
삼등 객실이 늘 만원인 내력이었다

2.

손놀림이 소심한 손걸레들은
조심조심 방향을 틀어서
조금씩 쥐어짜야 하는데도,
땅바닥에 일필휘지 칼금 그어가며

제 땅 네 땅 함부로 재단해온 자들이
바다도 배도 좆도 모르는 자들이
바다를 우습게 알고 무시해왔던 놈들이
조타기를 우현으로 전타했다, 대각도로 꺾어버렸다
솔레노이드 밸브가 하드 스타보드로 고착되자
카페리선의 항로가 동강 나버렸다
한순간에 아이들의 목이 꺾여버렸다
왜 오른쪽으로 틀어야 했는지는 끝내 오리무중이었고
그냥, 평형수가 오른쪽으로 쏠렸다고 했다

아이들이 어둠을 보지 못하도록 쳐두었던
암막 커튼 아래쪽이 들떠버리자
흑암의 물들이 쏟아져 들어왔다
삼등 객실은 죽은 듯이 수런거렸다
배가 왼쪽으로 되돌아 일어설까 봐
왼쪽에 실린 구명정은 잊으라고 했다
배가 수면을 들추고 일어설까 봐
그 자리에 처박혀 있으라고 했다

노란 나비들에게 나비들의 날개더러
나오지, 나서지, 나대지, 날지 말라고 했다

안팎이 뒤집힌 아홉 구멍으로
원전 폐수가 쏟아져 들어오기 시작했다
사다리가 치워지고
물이 차오르고
수면이 흐려지고
신발이 먼저 사라지고
아이들은 가벼워도 떠오르지 않았다
떠오르지 않아서 건져내지 않았다고 했다
폐스티로폼처럼 하얗게 내버려진 것들은
잘게 찢겨 흩어져야 했다
세월은 배가 뒤집힌 채 가라앉아 버렸다
애초에 뜰채는 소용이 닿지 않는 거였다
물 밖은 여전히 시끄러운 채로
바다가 복원력을 잃어버린 내력이었다

3.

그리하여 그날 이후 그 바다의 아이들은
중력을 훌렁 벗어버린 아이들은
바닷속을 헤엄쳐 모여들었다
비늘과 지느러미를 맞부볐다
저마다 환하게 터지는
청홍의 산호처럼
어깨동무 깨동무는
강강수월래
푸르게 아가미 숨을 쉬며
강강수월래
혼례 춤을 추며
그 바다의 아이들은 칼날을 갈아
용골을 곧추세우기 시작했다
물 위만 고집하는 잽싼 날치들을,
위가 여전히 무거운 배들을,
뒤집어엎어 버리기 시작했다

식인 갈치의 입을 찢어버렸다

입 밖으로 나온 이빨들은 뽑아내 버렸다

배 밖으로 나온 창시들은 염장해 버렸다

그날 이후 그 바다에서 그렇게

아이들은 목청껏

난장을 열었다

부레의 부력으로

중심을 뭉개버리자

아래위가 고루고루

섞여들어

다시는 주눅들지 않을

물속 공화국을 세우기 시작했다

아래가 도타운 전설이 쓰이고 있었다

아이들은 이 풍진 바다를 엎어버리고 있었다

아이들이 끝내 떠오르지 않은 내력이었다

* 뉘: 쓿은 쌀 속에 등겨가 벗겨지지 않은 채로 섞인 벼 알갱이

바다는 거의 밀물이어서

 턱, 하니 숨이 받혔다 딸꾹질을 계속하겠다는 각오였을까 애송이가 감히 돌멩이를 들어 올리려 했다고 원죄를 들먹일 수는 없는 노릇 볼 빨간 아이의 혀가 잘렸다 들독을 들어 올릴 계제도 아니었는데 다리 난간을 달음질했을 뿐인데 무작정, 침 묻힌 연필심이 분질러졌다 그때, 바닷바람이 팽나무 당산을 휘돌아서였는지도 몰라 손목이 접질렸다 달밤에는 나뭇가지가 마치 산사람처럼 보였다는데 귀신보다 무서운 건 달밤에 산 사람이 그냥 서 있는 거라 도깨비들이 자주 출몰했고 대낮에는 가끔 혼불이 날았다 정강이뼈에 몹쓸 구멍이 뚫리고 허벅살에 검정 갯바람이 들고 피부가 시끄러워지자 맥락 없는 되새김질이 자꾸자꾸, 뾰루지를 부추겼다 유년은, 진물처럼 흘러내릴 태세였다 손톱 위 거스러미는 버즘나무 줄기처럼 까칠했다 시시때때로, 마루를 쓸다 구부러진 못에 움찔 걸리는 밭은 호흡이었다 발톱이 갈라졌다 등이 굽었다 무시로, 횡경막이 접질렸다 혈변을 쏟았다 소년은, 이후로 누구도 무엇도 제쳐볼 엄두를 내지 못했다는데 머리는 쓸 만했지만 찢긴 늑골로는 써레질은 못 할 노릇 그렇게 허리 꺾인 이무기는 절룩, 거품처럼 뚝뚝, 바다로 내몰렸다 바다에도 법도는 있을 터이니 청년은, 벌겋게 녹슨 용골을 날 세워 바다의 법을 썰어보겠다고 자위했다 파도는 하릴없이, 못난 별들을 붙들어두는 것이 다반사였지만 날리는 눈만은 제대로 받아내는 것이 一生一大의 대사였다 하염없이, 눈의 형상이 사라지는 것만은 용인해서는 안 되는 이치 강물이 섞이듯이 바다에서 눈은 몰래 녹아야만 했다 식은땀이 눈썹을 파고들자 눈이 쓰라렸고 기도가 막혔다 닻줄이 꼬였고, 닻의 혀가 빠지고, 폐부를 찔리고, 바다는 인디고블루, 갯냄새가 진동했고 항해의 속도는 완만했다 그 와중에도 비늘은 상하지 않아야 했다 얕은 숨들은 짙푸른 바다로 자맥질하고 싶었다 톡톡, 항해사가 되어 첩첩 갑문을 열고 출항했다 바다의 등도 휘어지고 따라서, 바닷새의 부리도 굽어지기 시작했다

 바다는 거의 밀물이어서 안쓰러웠다

유조선이 폭발했다

납사*를 적하하다 유조선이 폭발했다

외판이 벌겋게 달아오르고

정전기를 일으키고

철판이 터지고

살들이 너덜거렸다

염포부두에 지옥도가 펼쳐졌다

살갗이 쓸리지 않도록

머리털이 곤두서지 않도록

이너트 가스**를 채웠어야 했다

형광등의 안정기ballast까지 흔들렸다

순간 방전放電의 문제였다

불꽃이 튀지 않도록

양극이 섞이지 않도록

서로 정들지 않도록

매사에 무력해지면 되는 줄 알았다

땅과 바다를 절연시키면 되는 줄 알았다

연쇄반응의 사이에

쐐기를 박지 못했다

물구나무서면 중력이 흐트러지는 줄 알았다

날 선 미늘을 갈아 띠배에 띄워 보냈지만

개미귀신의 깔때기가 뭉개지고

명주잠자리는 날지 못했다

* 납사naphtha: 석유의 증류물에서 얻어지는 가연성 액체 탄화수소 혼합물을 말한다.
 ** 이너트 가스inert gas: 안정된 전자 배치를 갖고 있어 화학적으로 안정된 원소족이다.

전복

빗창으로 전복을 떼어내
어미의 봉분에 뗏장으로 덧씌웠다
한바다에서 아비가 실종되었다는 전갈
저승으로 미끄러지는 밀물은 써레질되고
갯벌이 무너지고 구멍들이 허옇게 일었다

바닷가 섬그늘 아기는
온몸으로 버둥거렸다

내장을 훑어서 세상의 간을 보며
아비 이름을 지워갔다
사당의 서까래는 암술처럼 돌출하고
거꾸로 버린 날치 지느러미가
바다 창시를 갈랐다

푸른 바다의 등뼈를 추려내었다
송장게는 앞으로 기다가 죽어가고

숭어가 떼로 일어서다 무너졌다
참서의 글자들이 들고 일어나
바다와 하늘을 뒤섞어 무쳐놓았다

전복이 뒤집어졌다
바다 껍데기에, 아홉 구멍이
뚫리고 남은 자락은, 따개비
비빌 언덕으로 내어주었다

원목선이 뒤집혔다

먼저 쓰러져
드러누운 것들은
이미 축축해져 있었다
허리를 끊어냈다
잔가지를 쳐내고
수맥이 끊어졌다
저목장에 오래 잠긴 채 버려졌다
인부들이 하나 둘
숨죽은 원목을 배에 올렸다

포개져서는 안 될 것들이
우뚝 서보려던 것들이
원목선 갑판에 누여져
오호츠크해의 눈보라를 뒤집어쓰고 있었다
소굴巢窟을 빼앗긴 늑대들이 해안에서 밤새 짖고 있었다

쓰라렸다

살갗을 도려내면

진액이 흘렀다

뱃놈의 아랫도리는 주눅이 들었다

잘려나간 것들의 외마디처럼

나무껍질은 화물창 바닥에 쌓이고

나무줄기가 갑판 위로 높이높이 쟁여질수록

세상의 중심이 턱없이 올라갔다

원목선이 뒤집히기 시작했다

달도 숨어버린 오호츠크해

수족 잘려나간 나무들

캄캄하게 침몰하고 있었다

바다가 수피水皮 같은 기침을

쿨럭쿨럭 뱉어내고 있었다

목선

나무가 베어졌다

남해 물미해안으로
베어진 목숨들, 하나둘 모여들었다
잘려나간 둥치는 염수에 담갔다가
달빛에 말려야지
바다로 내려가는 언덕배기는 가팔랐다

찌그덩 찌그덕 어이차
뱃밥 먹이자 뱃밥 먹자

나긋나긋 휘어져야 해
먹줄 치고 가슴은 찢어발기고
탕개톱은 밀어 당기고
가슴팍에서 바깥으로 깎여서
거스러미 나뭇결은
삼판杉板*으로 누여졌다

무겁게 주저앉은 칠성판에

대목수 목정木釘 박아 넣더니

널들은 모로 누여 노를 저어 가는 것인데

그래도 물정을 모르겠냐고

물매 지겠다 물매 맞겠다

바다는 밀물지고

*삼판杉板 : 한선韓船에서 외판을 삼판 또는 현판이라 한다.

해녀의 맨살

여기 어디 아니겠니
섬들 점점이 이어져서
쉼표처럼 저물고,
저녁 달빛 아슴아슴한
우리가 참으로 가고픈
여기 어디쯤일 거야
우리 맨살로 만나
속살 서로 비벼가며
저녁 지어 올리는 연기
여기 어디 물질 내려놓고
우리 가쁜 숨 고르고,
물구덕 등에 지고
물허벅 누여 나누고
차오르는 바다 허리살
물안개는 자욱한,
우리 여기 어디쯤에서
물 밑의 말을 듣는다

(물질은 안타까움이죠
온몸을 적시는 뜨거움이에요
몸살을 풀고 풀어내는……)
별똥별 허물어지는 슬픔은
아름답다 여기 스러져가는,
어디 아슬한 여기쯤이면 참 좋겠다

제4부

구멍 숭숭 바다

인화지를 흔들었다
바다는 온통 암실이었다

남쪽 바다가 흔들리고
닥나무가 넘어지고

무중에 닥무지작업* 한창이었다
증기선은 고래의 내장을 찜질하는 중이었고

뽕나무 껍질을 벗겼다
바닥에 떨어뜨린 오디는 씁쓰름했다

물에 담가 죄수의 몸을 불렸다
잿물을 부어 쇠죽을 삶았다

백골을 씻어내고
햇볕은 한선韓船 갑판에 말렸다

\>

치목鴟木^{**}으로 바다 심줄을 휘저었다
두드리고 찧는 일이 그랬다

발을 전후좌우로 흔들었다
물이 풀어지고 갈아지고 골라졌다

대양의 배수구로 소용돌이 일으키며
바다의 구멍들을 다림질했지만

여전히 바다는 구멍 숭숭
간신히 붓질이 닿을 수 있었다

* 닥무지작업: 잘린 닥나무를 가마솥에 넣고 찌는 일.
** 치목: 목선의 키.

달은 바다에서 이지러지고

바다에서 등 떠밀리다 보면

어느새 섬은 가라앉는다

섬이 더 외로워질 수만 있다면

파도는 머리채 풀어헤친 채로

아가미 숨 몰아쉴 것이다

물속에서 노래는

여리게 휘파람 파랑으로

상어 비늘 파르르

상괭이 점막으로

물 미끄러져 내린다

꼬리들 지느러미들 헤엄쳐간다

물노래는 물 아래로 번지고

달빛으로도 별 그림자 잡을 수 없어

바다는 기별도 없이 가고 싶어

비에 젖어, 젖어 흐르고

바다에 흩뿌려진 빗방울이

허파꽈리로 스며든다

꿰뚫어진 달의 과녁 속으로
새들이 날아오르고
바닷물을 달까지 빨아올리는
거대한 붉은 입술
누이의 하얀 목덜미에
연꽃-비 흩뿌리는
불그스레한 열사흘 달
날숨 들숨 물 어둠 속으로
이지러지고 있다

바다에 회랑을 두르고

당신을
에워싸고 싶어
아우르고 싶어서
난간에 기둥을 세웠다
뿔난 바다를 가두려다가도
다시 외로워질 섬이 안쓰러워
수평으로 푸르른 내벽을 두르려고
치마라고 했다가 처마라고도 했다는데
물 아래로 수초는 무참히 쓸려가버리고
바다 아래 긴 낭떠러지는 허술하게도
뭉그러지다 일그러지는 것이라서
바다 넝쿨은 배배 엉키면서도
바다 울대는 수직으로 끊겨
울대가 무너지고 성대는
깊숙이 늘어지다가도
뱃고동은 한순간
부풀어 오르고

바다에서 눈비는

효모처럼 들끓다가도

삼각돛배로 회돌아서라도

에둘러 당신을 말하고 싶었는데

구부러진 수평을 펴보고 싶었을 뿐

혓바닥에는 백태가 마구마구 돋아나서

쉰 목청은 갈라진 바다에 잠기고 마는데

바다의 미로 속으로 목구멍은 외틀어졌다는데

밀랍의 돛대가 무너지고 부서져 내리는데

개헤엄이라도, 발장구라도 쳐보는 거라

그럴수록 바다는 더 좁아터지고, 끝내

흐트러지고 난간難艱의 바다에서

어디 사랑이 살아남아 있겠는가

바다 어디에 그늘이

있겠는가

몰운대

몰운대에 가서는
녹도만호 정운鄭運, 검붉은 구름이 된다
땅끝 한숨 건너 쥐섬 위로
구름이 초승달을 삼키고 있다

파도거미는 청록색이었다
바다를 거푸집 삼아 그 거미
무당이 되었고
낚시줄 드리운 채
곁을 주어야 할 사연들
샅바 잡듯 붙들어야 했다

목숨은 바람이었으니
몸속 창자부터 샅샅이 비워내고
못갖춘마디 부실한 탈바꿈
무릇 사라질 것들이 바다로 차오르면
목울대까지 보여주겠다, 사심 없이

투명한 올가미를 펼치겠다 큰소리쳤다

무작스럽게 사랑하려고
오로지 선혈 가득한
바다로 나아갔지만
바다는 온통 생리 중이었고
늦가을 흐드러진 낙엽이었다

후릿그물에 걸려드는 것들
푸르다 못해 시퍼렇게 퍼덕이고
잠자리 날개처럼 노을이 허물을 벗는다
어스름 속에 물빛이 흔들린다

미끄러지겠다 무당거미
물결치다가 무너지겠다
끝내 달빛 들겠다

남외항에 묘박錨泊하다

여기는 안온한 땅이 아니야
바람이 잠시 멈추었을 뿐
아직은 묻힐 곳이 아니야
벌써 눕고 싶은 게야
간신히 남쪽 바다 끝자락인데

푸른 이빨 늑대 짖는 소리 들리니
흰여울 흰 수염 고양이가
심장을 통째로 꺼내놓고
새끼를 내지르고 있는 게 보이니

렛 고 앵커,
수류탄을 투척하는 기세로
철 이른 우박이 쏟아지네
후드득 창자까지 토해내야 해
벌컥벌컥 쓰디쓴 물 들이켜고
선창船倉 밑바닥에 고인 빌지bilge*는

몇 샤클까지 퍼냈니
닻줄은 탯줄처럼 달아줄게

봉래산 드렁칡으로 엮어서
역청을 발라주세요
아스팔트는 뜨거울 때 마셔야 해
발목에 묘쇄를 채워주세요
이제 더는 떠돌지는 말아야 해

녹슬은 늑골이 드러났구나
해수海獸의 혓바닥을 썰어 내놓을 게
정수리에 고양이 누깔을 달아주마
넌 이제 갈 곳을 잃었어
조종불능선이 되었다니까
제자리 맴맴 못자리 잡아볼까

전주등全周燈 심지를 돋우고

좌우로 현등舷燈은 소등하고
저질底質은 괜찮은 거니
뻘밭은 파주력把駐力이 아주 세지
제대로 박혀야 해

바다의 배꼽이 보이니
선장님 이제 배가 바로 섰어요
발바닥이 발딱 누워서 섰어요
해마들이 갈기를 세워 달리고 싶어 해요
말의 그림자는 끊어버리겠어요

이제 제발 떠돌지 말고
여기는 바다의 목장 아니 막장
다시는 떠밀리지 말아야 해

닻줄이 얽히지 않도록
제발 떨어져 살자

두 눈 닿을 거리를 두고

날개는 다치지 않아야 해

사무치도록 떨어져 살아보자

* 빌지bilge: 배 밑바닥에 고인 더러운 물.

고래

불길을 잘 들이려면
고래를 잘 놓아주어야 해요

구들장을 잘 덮어주어야
강시가 일어서지 못해요

연기가 잘 빠져나가도록
고래에게는 술을 먹이지 말아야 해요

횡설수설하느라 풀어져버린
당신의 혀를 태워드릴게요

아버지 불 들어가요
잘 들리지 않으신가 봐요

고래를 잘 잡아야
사내가 될 수 있다고 하셨지요

\>

이왕이면 난바다로 가서
귀신고래를 잡겠어요

헐값에 고래장을 해드릴게요
구불구불 고래가 서쪽으로 헤엄쳐가네요

아랫목에는 물결이 일고 있어요
윗목은 여전히 차가워요

바다는 처음부터 그랬어요
고래는 물고기가 아니었어요

다대포구에 와서 노을지다

1.

어라, 외씨 버선발이네
발목들이 잘려나가고
발그림자들만 남아서
모래바람 흩날리고 있는데요
물너울 이어붙이고 있는데요

조각보는 누벼지고
줄무늬로 회류하고
따비는 사선으로
물살을 가르고
바다는 구멍 천지
그믐달에 빠진 뱀이
황갈색으로 사행하며
밤을 헤엄치고 있는데요
파도는 후배위가 살가워요

\>

바다의 자궁은
외접하거나 내접하거나
전복이 뒤집히고
허벅지가 튼실하네요
오금이 저리네요

파도가 뱉어내지 못한 말
혀끝으로 더듬거리는
혀짧은 소리들
무너지고 녹아내리네요
마름모꼴로 미끄러지네요

꽃과
바람의 무덤이 태어나요
물과
구름의 구덩이 생겨나요

＞

물의 타래를 풀어헤쳐요

물의 꽈리에는 물땀이 송송해요

물의 뿌리가 번져나가니

갯고둥, 갯강구, 너울 춤추고

붉은왜가리 노을 지네요

물뱀자리 마고할미에요

2.

철새들은 바다를 읽다가 철이 들었다

갈매기들은 해변으로 관들을 날라왔다

송장게들은 목관과 옹관을 묻고

주꾸미들은 모래살 불두덩을 북돋우고 있었다

물허리 옆구리가 터졌다

　＞

쓸개즙이 백사장을 덮쳤다
기식음이 무덤 위를 쓸 듯이 밀려갔다
철새들이 검은 괄호로 날아가고
반모음 울음소리가 하늘로 번졌다
뱃사람의 넋을 건져올리려고
바다는 슬개골을 굽혔다 펴기를 반복했다

삼현육각에 맞추어
어릿광대가 줄놀음을 놀고
향피리와 해금 소리가
파도타령을 이끌고 있었다

물가로 갈수록 바다의 구멍들이 드러났다
바다가 어긋어긋 밀려왔다
떠밀려 갔던 뱃사람의 넋이 돌아오고 있었다
갯벌이 습자지처럼 얇게 저며들고 있었다

호마이카 바다

바다는 폐가식 도서관이었다

카드 목록 상자를 열고
열람표를 작성했다
서고에 저장되어 있는 바다는
깊이를 감추고 있었다

책의 겉표지가 닿은 곳은
반들반듯한 책상 위
뜨거울수록 유순해지라고
점성의 액체를 덧바르고
맨드라미처럼 매끈해지라는
속 깊은 바다의 말씀이었다

책을 펼쳤다
각막에 파도가 일었다
함부로 들춰보지 말아야 했을지 몰라

물수제비가 떠지지 않았다

활자들이 곤두서기 시작했다
돌비늘처럼 책꺼풀이
떨리고 있었다
물구나무선 박쥐처럼
책갈피를 끼워두고

도서관을 나서며
각박한 세상을 간추리듯
바다를 닫았다

오르페우스의 바다

오르페우스가 거울 속을 내려갔다는 거
정작 자신을 잊고 싶었을 거야
에우리디케는 내버려 두고
자신은 찾아오겠다고
미래를 뒤돌아보지 않겠다고
허세를 부렸을 거야
하계의 계단을 내려가면서
발걸음을 꼭 헤아려야만 했니
길목에 돌멩이를 꺾어두고
되돌아갈 길을 기억해야만 했니
발바닥 같은 어둠의 각질을 더듬어야 했어
거울은 깨지는 것이 본색이라서
거울은 얼굴을 보여주지 않아
분필이 분질러지는 청색 칠판 위로
눈발이 어지럽게 날아다녔지
바다는 젖혀진 채로
뜯기면서도 바다의 아가미는

어둠을 빨아들일 뿐,

거울은 그림자를 허용하지 않아

접힌 빛은 내뿜지 않아

걸음을 지체할 뿐,

시간은 침몰하는 방향이고

거울은 항상 뒤를 비추고

바다는 소용돌이칠 뿐,

저승에서 노래를 부르려고 하다니

무심한 바다 사막에서

바람을 일으켜야 했니

수금을 뜯으려거든

노래를 부르려거든

제발 바다를 벗어나서

맘껏 뒤돌아보아도 되잖니

사지가 찢기더라도

여기 막막한 바다에서는

뒤돌아보지 마라

메두사의 눈깔을 헤집어도

중심을 비운 바다는

역류하지 않아

거울을 비워내는 바다는

바깥으로 솟구치지 못하고

비린내로 떠돌 뿐,

보이지 않을 보지 못할

계절을 차마 되살리지 않고는

붙잡을 수 없어

한 번 더 버리는 거

떨고만 있다는 거

흔들리고만 있다는 거

다시 하방으로 하강하는

동두말 등대*

1.

동두말 등대가 구식 포탄을 장전했다

가덕도 앞바다 숭어 떼거리는
바닷가 유치원 마당으로 가고 있었는데요
부처가 산란하고 있을까 봐
등대의 뱃속을 째보아야겠어요
숭어의 꿈이 사라지나요
요나가 고래 뱃속에서 살아날까요
당신에게 가지 않을 수만 있다면
그냥 제자리 맴돌다가, 후두둑
엉거주춤 빛이 새어 나갈까 봐
화물선은 감속해야 해요
다가오지 말라고 했잖아요, 당신
밤을 꺼버렸는데도
다시 불을 굳이 붙이겠다고요

달의 뿌리가 후줄근해지고

뱃고동은 속을 비워버리네요

2.

뱃놈의 목뼈가 부러졌다

세이렌의 울대는 비틀어진 채로
밤바다에서 빗줄기는 빛나지 않았다
잠의 줄기는 닭장 횃대에 걸렸다
뱃놈 마누라의 심지가 흔들렸다
불어터진 젖을 빨릴 수 없어 즐거웠어요
바다 위를 기어 다닐 거에요
유조선의 녹색 현등이 보이지 않았다
당신을 수장시키겠다
가까이 오지마

거기 있어 그냥
자맥질은 허하노니
등대가 너를 위해 있다고 착각하지마
다리가 아프면 주저앉으면 되지만
대구는 다시 산란하지 않았다

3.

거제 앞바다에서 난데없이 폭발음이 들렸다

시선들을 붙잡아 둘 수가 없었다
앰뷸런스가 바다 절벽으로 추락하더니
부표들 사이로 통선이 질주 중이었다
물방울들은 장단음을 탄주하고
삼각형으로, 부등변으로
파도가 어둠을 뚫어내고 있었다

마녀가 폭풍우를 처방하려는 걸까

바다에서는 삼각자들이 춤을 추는데

삼각형의 밑변을 빼내자

씨 할리의 가시가 돋고

어둠은 쐐기를 박았다

누에가 잣은 섬유질이 녹아내리고

탱자울타리가 무너져 뒤집히고

온 바다에 박쥐우산이 날고

한쪽 발의 길이가 짧아지는 만큼씩

세상은 빗금으로 가득했다

등대는 뿌리로만 발열하다가

누워버린 별들인 것처럼

양날 도끼가 난무했다

* 동두말 등대: 러일전쟁 때 불을 밝히기 시작한 가덕도 남단에 위치한 등대. 식민지 군항으로 건설된 진해로 들어가는 길목에 세워졌다. 일제는 고개 넘어 외양포에 화약고와 포대를 갖춘 요새를 구축했다.

칠산바다

칠산바다는 리트머스 바다
개펄은 붉다가 푸르스름하네

상한 냄새들
역한 안개가 몰려다니네
물길 순하게 펼쳐내지 못한 말씀들은
위산에 쓸려 구겨지고 있는데

뭍에서 바스러지지 못해서
강 따라 흘러내린 개숫물이
풀어지지 않아 뭉클거릴 뿐
바닷새들은 취한 무늬만 새기고 있네

미처 삭히지 못한 갯것들이
너붓너붓 널브러지고
섞여들지 못한 자들이
차마 썩지 못하고 있어서일까

여기 곰소까지 흘러와서도
곰삭혀지지 못한 속앓이들이

절여지고 접질려져
식도의 살갗이 터졌다네
목소리를 잃어버린
굴비의 겨울은 능선처럼
구부러지고 있네

밀물은 비비고 비벼지고
썰물은 섞이고 섞여서
갯바람의 주리 트는 소리일까

칠성장어는 비린 모래를 게워내고
안 주름 뒤집어 바깥쪽으로 널어놓은 뻘밭 천지
끝내 토해내지 못한 나긋한 말씀
외로운 만큼 짜디짠 칠산바다는

역류성 식도염을 앓고 있네

토하젓 삭아가는 굴속에서 숨죽인 그대
칠산바다에 물 들어온다
모가지를 내놓아라
너를 구워 삼킬 테니

주름진 칠산바다
당신의 순한 말씀은
외로움으로 염장되었네

붉으락푸르락
여전히 풍랑 중이네

해설

바다에서 읽는 공空의 지도

— 김수우(시인)

1. 새로운 수평선을 찾아서

그는 바다에서 얼마나 많은, 크고 작은 문들을 보았던 걸까. 시편 뭉치를 넘기면서 제일 먼저 든 생각이다. 이 한 권 시집에 담긴 광대한 바다를 다 따라갈 수 있을까. 펜을 들자 아득한 수평선이 더 아득해졌다. 바다의 심연도 더 묵묵하게 다가왔다. 정기남 시인은 오랜 세월 항해자로 대양 위에서 잠들었고, 바다에 기대어 먹었고, 지금까지도 바다를 강의하고 있다. 시인을 만난 지 5년 여, 그는 입시를 앞둔 학생처럼 인문학에 촘촘히 몰입했다. 문학이건 철학이건 그는 모든 공부를 바다라는 심연으로 끌고 갔다. 한 마디로 질겼다. 바다를 향한 그 의지는 생고무줄 같아서 모든 것이 그에게 와서는 물마루가 되었고, 꿈의 파편을 끌어올리는 그물망이 되었다. 온몸으로 경험한 바다는 그의 사유 속에서 더 짙푸렀으니 필자가 그의 시편들 앞에서 아슬아슬한 어둠에 갇히는 것은 당연하다고 해야 할까.

바다, 하면 기선들이 가득하던 남항 앞바다의 묘박지가 떠오른다. 필자가 처음 만난 바다이다. 영도에서 자라면서 만난 태평양, 그 까마득한 서해안의 갯벌, 고기떼가 눈앞에 시커멓게 유영하던 서부아프리카의 누아디부, 스페인 라스팔마스에서 십여 년 마주친 대서양, 그리고 쿠바의 카리브해와 인도의 벵골만 바다를 기억한다. 나에게도 바다는 환상의 푸른 옷자락이었고, 잊혀진 영혼의 깃발 그리고 순간을 비추는 거울이었다. 하지만 필자가 바라보기만 하던 바다를 그는 온몸으로 부딪쳤다. 그에게 바다는 훨씬 복잡한 지도였고, 훨씬 높게 휘날리는 중력이었고, 무수한 조각으로 닮은 청동거울이었다.

바닷가에 서면 무한한 상상력이 펼쳐진다. 하지만 우리는 정말 바다를 만났던 걸까. 과연 우리에게 바다가 있을까. 제대로 바다를 알고나 있었던 걸까. 병든 생태계와 오염된 물결 앞에서 문명은 무력하다. 파도가 내던지는 질문, 그 심연의 슬픔과 기쁨을 이해할 수 있을까. 이 시집의 행간에서 바다로 가는 길을 다시 배운다. 물보라 속에서 우주를 만나고자 했던 존재론적 모험과 그 사유가 어쩌면 위기의 시대에 답이 될 수 있을 것 같은 느낌이다. 이 시집은 해양이, 해양의 언어들이 미래를 향한 새로운 항해임을 보여주려는 열정으로 출렁인다.

정기남 시인은 항해자였다. 그는 큰 배를 몰았고 세계의 항구들을 넘나들었다. 전남 순천이 고향인, 유년 시절 남해와 뻘밭을 만난 그의 가슴바다에 진즉 바다의 상상력이 자리 잡았던 걸까. 실제로 그는 천측계산장을 읽는 선장으로서 바다의 지도를 펼치고 또 펼쳐야 했다.

> 항해사는 커튼을 치고
> 해도실로 들어섰다
> 여름의 대삼각형이
> 해도 위에 내려와 있었다
> 천측계산장을 폈다
> 허상을 가려내려고
> 천측계산표로 별들의 합슴과 차差를 구했다
>
> 딱 맞아떨어지지 않았다
>
> 우리의 항해는
> 구면삼각함수로 풀어내야 한다
> 오차삼각형 안에
> 당신을 위리안치한다
> 바다가 잠시 흔들리고
> 배가 간신히 빠져나갈 틈이 생겨났다
>
> 별이 끌려오고
> 지구가 흔들리고
>
> 어둠은 불온하게 굴절 중이었다
>
> ―「천측항해」 부분

구면삼각함수, 천측계산표, 오차삼각형, 천측항해, 풍배도 등의 명사들은 필자가 아는 바닷가에서는 들어보지 못한 용어들이었다. 나침반, 킹스턴 밸브, 거멀못, 갱웨이, 흘수선 등도 그렇다. 모두 그가 이 시집에서 보여주는 바다의 새로운 이름들이다. 바다에서의 거리, 위치, 면적을 열심히 계산하는 일, 딱 맞아 떨어지지 않는 천체의 위치, 구면의 삼각법을 다루는 수학 분야 등 모두 다른 세계였고 낯설다. 바다는 심연에만 있는 줄 알았더니 하늘에도 있었구나. 바다를 항해한다는 것은 하늘의 지도를 섬세하게 읽는 일이었구나. 그 아득함에 저절로 가슴이 시리다.

그렇게 바다는 그를 별을 읽는 사람으로 키웠다. 천문항법. 한 마디로 그의 항해는 별을 끌어오고 지구를 흔드는 숭고한 작업이었던 셈이다. 한없는 푸름에 갇혀 방향을 타진한다는 것은 어떤 고뇌일까. 아래 시에는 광막한 데서 방향을 찾아가는 항해의 고요한 고독이 선명하게 담겨 있다.

> 바다는 방향을 모르네
> 풍배도의 장미 화살로
> 바람을 가늠해 볼 뿐
> 어차피 항해는 추측으로 하는 거지
> 자유롭게 떠 있어야 하는데
> 어디서 멈춰야 할지 몰라 떨다 보면
> 국자가 남쪽을 가리키기도 하지

매생이 떠다니는 바다는 미끄러운 녹색
사막의 수반에 별을 띄우고
달의 방위를 지우면
바다는 말 더듬듯 어눌해지지

— 「나침반」 부분

　나침반은 떨고 있다. 떨리는 나침반 바늘을 응시하면서 그의 촉수 또한 미세하게 떨린다. 「천측항해」와 마찬가지로 나침반을 읽는 일조차도 그에겐 끊임없이 흔들리는 영혼과 같다. 풍배도는 어떤 지점에서 일정 기간 바람 방향을 관측한 그림으로 바람장미라고 부른다. 바람을 계급별, 방향별, 그 발생빈도와 속도를 따라가며 지켜본다는 것은 어떤 공부일까. 매번 새롭게 피어날 바람장미. 바람의 틈과 겹을 보는 일, 그 형상화된 바람장미는 무한한 암시이다. 바람을 가늠하고 항해를 추측하는 내내 나침반 바늘의 떨림을 보다가 문득 북두칠성을 발견하는 시선에서 대자연의 무한이 다가온다. 바다가 "말 더듬듯 어눌해지"는 순간이란 우리는 도무지 감지할 수 없는 깨달음의 세계가 아닐까. 바람의 방향과 속도에 혼신을 기울이는 순간에 감지하는 자유란 또 무엇일까. 그래프로 그려낼 수 없는 그 무엇, 숨은 파장에 시인은 촉수를 뻗어 바람의 줄기와 잎을 헤아린다. 하여 나침반의 떨림은 이 시집 전체에서 숨은 은유로 작동한다.

이 시집 안에서 늘 마주치는 어떤 '당신'을 발견한다. 그가 바다를 바라보는 데는 '그 누군가'의 얼굴이 있기 때문이다. 시종일관 그는 누군가를 부르는 중이며, 누군가를 찾아가는 해로海路의 갈림길에 선다. 운명처럼 시인은 늘 '당신'을 절망하고 희망한다. 그에게 모든 바다는 그 당신을 향하는 길이다. 한 마디로 바다는 연기緣起의 힘을 보여주는 곳이며 그 모든 중심에 당신이 있음을 확인하는 장소이다. 누군가를 향해 항해한다는 것은 그의 고독을 치열하게 만들었고 동시에 꿈을 꾸게 만들었다. 바다는 당신에게로 가는 큰 문이었고, 그는 문고리를 보며 끊임없이 누군가를 호출하고 있다. 곳곳에 도사린 위험 속에서도 바다를 빛나게 하는 바람과 별과 생명체들. 그 오묘함을 우린 당신이라고 부를 수 있지 않을까. 파도의 물갈기 속에 홀로 앉아 발견하는 행성의 외로움, 그 앞에서 그리움은 가장 길고 아름다운 감성으로, 가장 생생하게 되살아난다.

> 공중을 난무하는 초단파 통신은
> "감도 있습니까?"
> 미래의 안녕을 호출하는 게 아니었다
> 인도양 산호충의 뿌리가 뽑혀나가고
> 상층대기권이 뒤집어졌다
> 전파의 통달거리는 늘어났지만
> 뱃놈들은 브릿지에서 더 외로워졌다

(…)
뱃놈들의 귓바퀴가
새된 소리를 감청하고 있다는 소문이
바다를 배회하고 있었다
감도가 감도를 묻고 있었다
여기는 서아시아의 바다인데
메두사의 뗏목이 떠다니고 있었다
메카 순례 항로가 폐쇄되었다는
급전이 날아다녔다
"감도 있습니까?"
미사일이 아라비아 갯골을 파고들고 있었다
—「감도 있습니까?」 부분

발트해 지나
상트페테르부르크 초입 들어서자
너덜겅처럼 엔진 소리가 들끓었다
화물선이 몸뚱이 채 진저리쳤다
항적은 툰드라의 비행운처럼 제 꼬리를 물고

(…)
푸른 도깨비불이 날았을까
다시 고요, 연금鍊金의 얼음꽃이 피었다
당신의 심중으로 헤엄쳐가는
향유고래의 교신이 은밀했다
물 아래로는 뜨겁게 녹는 중이고

뱃길을 내야 했다
   당신에게로 가는 길을 열어야 했다
   ─「쇄빙선」부분

 "감도 있습니까?"는 선박끼리 무선을 나눌 때 쓰는 말이다. 소통을 요청하는 것이다. 수신기나 측정기로 전파를 받는 정도를 묻는 감도感度는 사실 시인에게는 뜨거운 존재론적 요청이기도 하다. 육상에 두고 온 것들, 육상에서 발생하는 온갖 소식들이 그 전파를 타고 날아든다. 이 감도는 삶의 크고 작은 모든 위기를 감지하면서 항해의 모든 고독을 꿰뚫는다. 감도를 타진한다는 것은 단순한 안부가 아니라 절실한 하늘의 동앗줄이다. 모든 필연과 우연을 담고 서로의 꼭지점을 확인하고자 하는 그 대상은 바로 '당신'이고 '우리'가 아닐까.

 감도는 공空의 음성이기도 하다. "감도가 감도를 묻"는다는 것은 많은 철학적 사유와 행동을 함유하고 있다. 연기緣起의 세계에서 그가 묻는 감도는 더 깊고 아득하다. "메두사의 뗏목이 떠다니는", "메카 순례 항로가 폐쇄되었다는", "미사일이 아라비아 갯골을 파고드는" 그 모든 시공의 안부를 통해, 감도가 그에게 내미는 것은 길이다. 육상은 '당신'이 사는 곳이다. 어딘가에 닿아 있다는 느낌, 어딘가에 닿을 수 있다는 희망, 그 안도감이 바로 살아있는 순간이기 때문이리라. 하늘에 그어지는 무수한 파장들은 결국 당신을 찾아가는 길목인 셈이다.

「쇄빙선」에서도 시인의 모든 뱃길, 무수한 항해는 당신에게로 가는 길이었음을 보여준다. 쇄빙선이 얼음바다를 깨고 지나가는 길은 사랑을 기억하는 방식이기도 했다. 이처럼 시인의 바다는 누군가를 향한 광막한 그리움 전체였다. 크고 작은 파도를 건너는 시인의 경험과 고독한 사유가 맞물리는 지점에 순도 높은 사랑이 있다. 그가 천측을 계산하면서 나아가는 곳, 쇄빙선으로 연금의 얼음꽃을 깨뜨리고 나아가는 곳은 사랑이라는 영원의 장소가 아닐까. 결국 사랑이 가진 희망의 속성, 절망의 힘이 그의 항해에서 절대적인 별자리였던 것이다.

> 배가 배를 밀어내고, 바다에서는
> 길과 길이 섞이지 않도록
> 서로 소素가 되어야 해요, 배들은
> 드러누운 자세로 느릿느릿
> 유령선처럼 떠다니고 있어요
> 당신에게 다가갈 수 없는 만큼
> 모래처럼 흐르고만 있어요
> ―「등대선」 부분

삼각돛배로 회돌아서라도
에둘러 당신을 말하고 싶었는데

> 구부러진 수평을 펴보고 싶었을 뿐
> 혓바닥에는 백태가 마구마구 돋아나서
> 쉰 목청은 갈라진 바다에 잠기고 마는데
> 바다의 미로 속으로 목구멍은 외틀어졌다는데
> 밀랍의 돛대가 무너지고 부서져 내리는데
> 개헤엄이라도, 발장구라도 쳐보는 거라
> 그럴수록 바다는 더 좁아터지고, 끝내
> 흐트러지고 난간難艱의 바다에서
> 어디 사랑이 살아남아 있겠는가
> ―「바다에 회랑을 두르고」 부분

위 구절들에 드러나는 두 개의 항해는 매우 대조적이다. 등대선은 길과 길이 섞이지 않도록 느릿느릿 떠다니며 유령처럼 흐르며 길을 안내하고자 한다. 서로 겹치는 공통 원소가 없는 서로소가 되어야 하는 어두운 고독이 그대로 내비친다. 당신에게 다가가는 일이 점점 어려워짐을 예감하고 있음이 드러난다. 「바다에 회랑을 두르고」에서의 항해는 극단적으로 거칠고 위험한 항해다. 개헤엄이라도 발장구라도 치며 안간힘으로 생존하려는 폭풍 속 항해이다. 두 항해의 현장 모두 어떤 증강현실처럼 다가온다. 하지만 둘의 공통점은 사랑을 기억한다는 것이다. 물마루 한복판에서도 시인의 뇌리에는 어떤 누군가가 서성인다. 그것은 유령 같은 불빛으로 떠 있어도, 수평선이 자주 구부러지는 난바다에서도 사랑의 가능성에 대해 몰입하려는 시인의 의지이기도 하리라.

어떻게든 바다를 표현하지만 그것이 결코 전부일 수 없는 바다. 사랑을 향하는 길은 까마득한 적막함이기도, 무수히 에두르는 회랑이기도 하다. 모든 고통과 고독을 넘을 때마다 바다는 더 멀고 좁아터지지만 시인은 사랑이 살아남을 것을 믿는다. "어디 사랑이 살아남아 있겠는가"라는 역설에 사랑을 향한 간절한 욕구, 그 극진함이 드러난다. 외롭고 험난한 물기둥 속에 서 있는 당신이 있는 것이다. 항해는 사랑을 탐구하고 모험하는 일이다. 그 치열한 생존 전체, 고독 전체를 우리는 또한 '당신'이라고 이름할 수밖에 없다.

2. 바다에서 긷는 삶의 심연

모든 항해가 사랑을 향하는 길목이라면 그 길목은 삶이라는 무거운 비늘로 촘촘하게 돌담을 이룬다. 바다를 향해 떠나고, 바다로부터 돌아오면 다시 바다다. 바다를 바다로 알고 나아가도 거긴 바다가 아니다. 바다보다 더 깊은 심연이 있다. 삶이라는 심연이다. 무수한 삼각점을 가진 파도는 그 심연들의 손등발등이다. 바다의 뿌리는 삶이다. 삶은 파도를 넘는 모든 영혼을 뱃놈으로 만들어버린다. 뱃놈이 엮는 시간의 두께 그리고 공간의 두께는 그대로 역사가 된다. 삶은 바다에서 더 까마득한 그늘로 더께진다. 그가 기억하는 바다의 얼굴, 삶의 지층은 다음 시 한 편에서 투명하다.

> 바람 쐬며 쏘다니다 얼굴까지 얽어버렸지
> 철선 용골은 사르가소해까지 훑고 다녔다네
> 살점 뜯어먹히고 엉성하게 늑골 드러나도록
> 미련스럽게 떠돌기만 하던 뱃놈 발목을 움켜잡고
> 질기게 따라다니던 따개비는 떨어지지 않고
> 불그죽죽 주름벽은 위태로워 외줄타기라네
>
> 깡깡이 망치로 바람벽 두들겨
> 당신의 역마살 펼 수 있을까
> 피멍울 터뜨리고, 내장 까뒤집고
>
> (…)
> 당신이 먼바다에서 타전한 모스부호는
> 가시주엽나무 바늘끝에라도 매달려보라는
> 생계형 주문의 거룩한 말씀인데요
> 까앙 깡 깡깡해지라는 전언으로 고쳐 읽어요
> ―「깡깡하다」 부분

 깡깡이는 오랜 항해로 선박 밑에 늘어붙은 녹과 페인트를 벗겨내는 작업을 말한다. 긴 항해를 마친 배들은 새로 도크에 올려져 녹을 벗기고 도색한다. 새로운 먼 여행을 준비하는 과정이다. 망치로 녹들을 벗겨내는 작업, 깡, 깡 깡, 망치질하면 까앙, 까앙, 까앙 하늘이 대답하는 대화를 시인은 "생계형 주문"의 거룩한 전언으로 받아들인다. 시인이 보여주고자 하는 바다의 길은 그 전언에 있지 않을까. 그 녹슴. 촘촘히 따개비가 박힌 선박의 밑 표면은 그 여정이 얼마나 길고 험했는지, 얼마나 무섭고 무거웠는지를 보여준다. 시인에게 그 따개비는 삶의 곡진한 삼각형 파도들의 얼굴이며, 동시에 온몸으로 투쟁하는 삶의 극점이다. 그 바다는 생존으로 출렁인다. 그리고 당신을 향해 나아간다.

    바다에도 법도는 있을 터이니 청년은, 벌겋게 녹슨 용골을 날 세워 바다의 법을 썰어보겠다고 자위했다 파도는 하릴없이, 못난 별들을 붙들어두는 것이 다반사였지만 날리는 눈만은 제대로 받아내는 것이 一生一大의 대사였다 (…) 식은땀이 눈썹을 파고들자 눈이 쓰라렸고 기도가 막혔다 닻줄이 꼬였고, 닻의 혀가 빠지고, 폐부를 찔리고, 바다는 인디고블루, 갯냄새가 진동했고 항해의 속도는 완만했다 그 와중에도 비늘은 상하지 않아야 했다 (…) 바다의 등도 휘어지고 따라서, 바닷새의 부리도 굽어지기 시작했다

    바다는 거의 밀물이어서 안쓰러웠다
                      ―「바다는 거의 밀물이어서」 부분

바다는 피밥이거니와,
뱃놈들은 피죽을 쑤어 먹었다
무심한 수초 사이로, 설핏 홑소리
흐트러진 방위를 가늠해보았지만
항정선은 위도와 경도를 뒤섞고
흘수는 모자란 듯 위태했다

배 둘레에 삼바를 걸치고
생과 사의 경계를 다투었다
한입 베어 삼킨 만큼씩 배는 가라앉고
안간힘을 쓸 때마다 다리는 풀리고
—「흘수선」부분

삐걱거리는 두 겹 후릿그물 노래를
맞댈까 덧대어야 할까
뱃놈의 명줄 기워 붙이려, 널판을
쳐대고 다져서 다듬어낸 접사接辭
거멀못, 허리춤에 찔러 넣고
벌어진 틈 송진 이겨 채워놓아서야
바다 하나쯤 거뜬히 포개졌다
켜켜이 붙는 접속사들이었다
—「거멀못」부분

생존을 위한 항해, 그 노동의 신산함이 그대로 드러나는 시편들이다. 60~70년대 바다를 떠돈 원양어선과 상선들은 대한민국의 산업화를 끌고가는 가장 큰 힘이었고, 많은 선원들이 그 앞줄에 선 역군이었음을 누구나 인지하는 사실이다. '뱃놈'이란 단어는 바다살이의 한계를 뼈아프게 보여준다. 오로지 식구를 먹여 살리겠다는 일념 하나로 대양의 낯선 파도와 싸운 사람들, "바다의 법을 썰어보겠다고 자위했"던 청년들은 뱃놈이 되었다. 그 뱃놈의 삶과 애환이 시집 전체에서 송곳처럼 솟구치고 있다. 밀물과 썰물은 해안가에서 따지는 말이다. 바다 한복판에서는 온통 밀물일 수밖에 없다. 순간순간이 파도와의 투쟁인 거기서는 어쩔 수 없이 모든 삶도 꿈도 뱃놈이 된다. 출렁이는 파도 위에서 끊임없이 사랑을 꿈꾸지만 사랑은 늘 흘수선을 가진 깊이였다. 항해자에게 꿈이란 얼마나 절대적인 결핍인가. 사랑에 절실한 자에게 바다를 건너는 하루란 절망의 부피를 솜사탕처럼 타는 일이지 않았을까.

흘수선은 배가 물 위에 떠 있을 때 배와 수면이 접하는, 경계가 되는 선이다. 생과 사의 경계, 삶과 꿈의 경계를 살아가는 게 우리네 희망이다. 우리 일상 또한 한 척 배와 같아서 선체가 물에 잠기는 한계선을 가지고 있다. 그 경계에 일어나는 생존의 순간들은 상처와 고통으로 출렁인다. 바다에서의 고통스러운 그리움은 결코 사라지지 않는다. 다만 바다의 시간은 '뱃놈의 명줄'을 기워 붙이는 도전이면서 동시에 가능성이라는 신호가 된다. 하여 시인이 사용하고 있는 '거멀못'과

'흘수선' 등의 명사들은 중요한 은유이다. 거멀못은 모든 것을 연결시키고 접합시키는 상징으로 작동한다. 시인은 무수한 파도의 꼭지들을 항해와 신화와 삶과 기원으로 연결하고 있다. 동시에 거대한 심연과 접속시키고 있다. "바다 하나쯤 거뜬히 포개면서" 접속사가 되는 거멀못의 힘을 시인은 강조하고 있음이다.

하지만 시인에게 고단한 바다의 일상이 결코 개인적일 수만은 없었다. "바다는 우리의 무지를 깨닫게 하는 거울이다." 이는 탐험가이자 사진작가이며 프랑스 최초의 여성 해양학자인 아니타 콩티(1899~1997)의 말처럼 그는 바다의 거울에 비친 문명의 역사를 읽어내고 있다. 바다가 펼쳐준 페이지들이었다.

    카리브해와 뉴잉글랜드의 항구를 남북으로 왕복했다 피스톤처럼, 기체의 압력에 굴복해서 허리가 휘어졌다 재화중량 Deadweight 8만 톤 다국적기업에 용선된 쌍코기센三光汽船의 유조선은 아루바에서 경유를 싣고 퀴라소에서 납사를 싣고 멕시코만류를 무쌍하게 질러가다가 미시시피강을 거스르다가 쌍으로 코피를 쏟았다는 걸프전 소식이었다

    아류亞流 일본제국의 위신Prestige을 세워주려면 기울고 비틀린 용선계약도 지켜야 했다 반도의 용병들은 토막잠까지 팔아야 가까스로 고국의 은행으로 소꼬리를 송금할 수 있었

지만, 여전히, 가계家計의 외환 사정은 빠듯했다 삼광으로는
점수가 나지 않는 섯다판이었다

    서인도제도의 백사장을 질서정연하게 점령한 식민의 정유
공장에서 양코배기들의 식탁으로 일용하실 기름을 배달해주
어야 했다 부실한 뱃놈의 발바닥은 부르트고 석자코三光는 프
레스기機에 눌렸는데 사나이 오줌발이 먼저 주눅 들어버렸고
산동네 연탄 배달부의 발목도 결딴났다는 후일담이 전해졌다
    —「모터 탱커 쌍코 프레스티지M/T SANKO PRESTIGE」부분

    구라파의 강들을
    바이킹의 배가 넘나들기 전
    모반의 빙하 흐름이
    모래를 실어 나르고 있었다
    지협은 안개 무성한 해협이 되었다

    (…)
    제국의 배들은
    불화의 씨앗들을 날랐다
    노예선은 난파 당할 운명이었다
    훗날 제국의 연안이
    물 아래로 가라앉을 거라는 게,
    묵시록의 줄거리였다
                         —「도버 해협」부분

망망대해를 지켜볼 때마다 그는 제국의 역사를 떠올렸다. 문명이 진행되면서 바다는 모험과 도전의 대상이었다. 한계 극복의 상징이었던 수평선은 변화무쌍한 개척정신으로 오늘날 제국주의를 탄생시켰다. 그러면서 우리는 우주라는 심연을 잃어버린 게 아닐까. 지나칠 수 없는 아픈 역사를 그는 광대한 물결의 틈새에서 읽어낸다. 보이지 않는 억울한 눈물들을 보았으리라. 사람과 역사는 바다에서 어떻게 얽히는가.

그에게 바다는 개인의 역사이기 이전에 폭력으로 가득한 생생한 제국주의의 역사이다. 15~6세기 대항해 시대가 열리면서 바다는 제국주의의 길목이 되었다. 시인은 무수한 항해 속에 그 역사를 마주하고 있다. 적막한 항해 속에서 노예선을 떠올리고, 자본의 비린내 나는 욕망을 떠올린다. 바다는 제국의 폭력을 실어 날랐고, 그 역사는 오늘날도 약하고 소외된 자들에게 억압으로 작동한다. 그 현실은 신자유주의의 소비 현실에도, 이 시간 폭격으로 울리는 우크라이나와 가자 지구에도 계속 이어지고 있다.

이 같은 고통과 분노와 슬픔은 바다로 직결되면서 공동체를 향한 질문이 된다. 바다와 사건들. 회복한다는 것은 무엇인가. 바다에 수장된 것들의 슬픔을 우리는 기억할 수 있는가. 고대인은 바다가 인류의 집인 지구를 가꾼다고 믿었고, 별에게 물을 먹이면 구름이 된다고 생각했다. 현대인도 깊숙한 바다에서 생명 회복의 새로운 고리를 찾을 수 있지 않을까. 바다의 심연을 제대로 들여다보는 일, 역사를 깊이 이해하는 일은 미래를 회복하는 일이다. 당연히 바다에서 읽는 문명의 역사는 매우 중요한 과제일 수밖에 없다. 이처럼 바다는 생명과 죽음, 문명과 자연, 사랑과 고통 등의 양면성을 복합적인 보편성으로 끌어올리는 힘이 있다. 유용함과 도구적인 기능을 떠나 바다에서 우리가 생명의 무수한 원형을 찾아내는 이유이다. 바다를 향한 새로운 상상력이 그 회복의 잣대이다.

3. 다시 심연을 향하여

바다도 깊지만 사람이 늘 더 깊었다. 하지만 바다는 언제나 우리에게 삶 이전의 근원을 묻고 비춘다. 바다는 모든 생명의 원형을 가진 세계이다. 바다가 우리에게 불러주는 질문과 대답들이 있다. 바다 앞에서 서면 저절로 어떤 기원을 떠올리는 건 그 때문이다. 경외와 경이가 동시에 밀려들 때 인간은 바다 앞에서 우주의 기원을 읽어낸다. 바다를 빌어먹고 살수록 그 기원은 하루하루 간절해졌다. 그래서 원죄의 기억도 파도 앞에선 늘 새롭게 살아 있다. 치유가 일어나는 지점도 그래서일 것이다. 바다의 하루는 수십 억 년이 압축된 하루가 아니던가.

넘실넘실 기어가자
고꾸라지라지 고꾸라지더라도
너물너물 미역 줄기 꺾어 물고
재 넘어 몬당 너머 가자
무담시 무담씨 가고 보자
여닫이 여다지 어기여차
뻘배 밀고 짱뚱어 다리 저어서
노 당겨 여미고 밀어젖히고
(…)
뼈마디 마디마디 저리더라도
삭신이 보타지더라도
가다가 또 넘어지면
문둥이 손도 잡아주자
시그리불에 눈이 시울더라도
오얏꽃 무늬 꽃살, 조갯살
물결은 꽃누엣결 누엿누엿
누에는 누에고치는
나락은 나락이라서
누에섶 물결치듯이
뉘라서 낟알들 성게알
굼실굼실 재를 넘자
달랑게는 모래밥 지어
용궁 가는 길 내는데
모래무지, 모래밭에 묻고

물살에 밥 뿌려주러 가자
　　　　　　　　　　　　　　　—「갯비나리」 부분

바다에 뛰어내릴지, 뛰어내렸어야 했는지를 분간 못한 죄를 물어 당신의 뒷목을 잡아당겼다 물아래 긴서방이, 물베개를 베고 구름을 보라고 넋은 건져 올려 주었다 모자반이 물구나무서서 오래오래 죽어가고 있었다 은갈치가 물에 빠져 죽은 자들의 뼈를 발라내고 있었다 은빛 수의가 너울지고 있었다
　　　　　　　　　　　　　　　—「송장헤엄」 부분

　시인은 바다의 맨 밑층, 암흑의 성분을 끝까지 헤집고 있다. 그리고 끈질기게 그 언어를 읽어내고자 한다. 물결은 시인의 응시 속에서 무한해지고 깊어지고 간절해진다. 거기서 다친 것들, 억울한 것들, 외로운 것들은 다시 전설이 된다. 그렇게 절망과 희망이라는 연기緣起의 상상력은 생명의 인드라망에 다름 아니다. 서로가 서로를 비추면서 우리는 자신을 발견한다. 바다에는 그러한 비나리가 존재한다. 안녕을 빌고자 한다. 바다를 사는 법은 바다에 기도하는 법이기도 하다. 물론 바다에 담긴 삶이 너무 간절해서이다. 시인의 물결에 드러나는 삶의 가시들은 너무 아프다. 우리 행성이 물의 별임을 감지한 넋들의 여울을 그는 따라간다. 「갯비나리」에서 모든 절실함은 유쾌하게 하나의 노래가 되면서 춤을 추는 생명의 원형으로 아름답게 풀려나온다.

구체적인 체험과 연결된 이 기원祈願은 역동적 상상력을 촉발시키면서 서사의 구조를 가지고 있다. 시인에게 바다는 서사를 배태하는 종자였고, 미지의 보편적 가치를 찾아가는 힘이었다. 가장 밑바닥에 있는 물질적 상상력과 가장 높은 차원에 있는 원형적 상상력이 함께 너울지는 문학적 감수성으로 치유를 끌어내는 것이다.

    바다에서 뛰어내리는
    아름다움이고 싶어요
    달빛 바다에
    자욱하게 깔리는 바람이
    당신의 지극한 소망으로
    부끄러움을 벗듯이
    저 깊은 살, 속곳까지 적시면
    맨살이 자유로울까요
    아프게 떠밀리듯이
    물길이 열릴까요

    (…)
    바다는 늘 그런 설레임이어서
    별빛이 먼저 내려와 흔들리는가요
    당신의 눈꺼풀이 이제사 떨리는군요
    흔들릴수록 짠맛 우러나듯이
    우리 온전하게 섞이는,

사람과 사람이 은밀하게
가슴을 맞대는 바다
그렇게 사랑이고 싶어요

―「심청이 바다」 부분

일 분에 장음 한 번
살아있음의 뜨거운 목청끼리
번갈아 껴안다 안개꽃, 온 바다에
밀려가서 북태평양 하나쯤은
보이지 않아서 자유로운 만큼
바닷속은 젖몸살을 앓고
차마 눈 뜰 수가 없어
뼈마디까지 젖다 보면
잠긴 목소리 단음 다섯 번
물소리 깨어나서 속살이
매끈할 거야 맨살로
서로 섞이다 보면

―「무중신호」 부분

결국 시인에게 바다는 존재의 맨살이다. 맨살로 만나는 사랑이다. 생존하기 위해 분투하는 생명체에 관한 절실한 희망이다. "우리 온전하게 섞이는,/ 사람과 사람이 은밀하게/ 가슴을 맞대는 바다/ 그렇게 사랑이고 싶어요""뼈마디까지 젖다 보면/ 잠긴 목소리 단음 다섯 번/ 물소리 깨어나서 속살이/ 매끈할 거야 맨살로/ 서로 섞이다 보면"에서 그 사랑의 실체가 아름답게 드러난다. 그는 바다의 맨살을 만지고 싶었고, 삶의 맨살, 우주의 맨살을 느끼고 싶어 한다. 서로 맨살로 섞이다 보면 그 체온에서 생명의 지평이 드러나지 않겠는가. 그게 시인이 바다를 믿는 방식이다.

삶의 맨살이 출렁이는 곳. 그것이 바다라는 경전이다. 삶과 꿈이 치열하게 얽힌 파도는 매일 마음의 해안에 흰 거품선을 긋는다. 그 거품은 경외와 경이 그리고 숭고함으로 가득하다. 바다를 어떻게 꿈꾸며, 바다를 어떻게 들을 것인가. 바다가 우리에게 가르쳐준 것은 무엇이며 무엇을 요구하는가. 이러한 질문들이 시인이 우리들과 나누고 싶은 이야기가 아닐까.

사랑은 어떻게 서로를 비추는가. 한 개체가 가진 생명의 거울에는 무수한 수백 억년의 우주가 비친다. 바다라는 거울은 연기緣起의 힘으로 완성되는 공空의 세계이다. 바다에 내재된 물질성으로부터 고유한 실체의 이미지를 환기해내는 이 시편들은 사랑을 만나려는 동력을 보여준다. 그것은 무중신호처럼 깊이 침투하여 생명의 뿌리로 뻗어가는 힘, 그 사랑은 순수한 무상無償이며, 자발적인 힘을 지닌 욕망으로서 미지의 세계를 열어준다. 물질적 상상력과 원형적 상상력을 양극으로 하는 이미지들은 젖몸살처럼 그렇게 구체적이고 아프다.

　　당신 얼굴에 패인 협곡으로 노을 물들고

빨갛게 짠 염초의 비린내가 흐르고
노곤했던 하루가 사막에 물결치고
서해로부터 들이닥치는 황사는 쌓여가고
퉁퉁마디마다 하얗게 열꽃을 태우더니
당신은 기어이 바다를 불러냅니다
누런 초원을 막아서는 돌무더기들과
죽은 호수를 밟아오는 불도저의 그림자와
야생의 삶이 스러지는 것들로
늦은 하늘엔 시 한 점 뜨고 있습니다

—「나문재」부분

나문재는 바닷가에 자라는 한해살이풀이다. 위 시에서 나문재는 바다를 불러내어 생명의 처소로 삼고 있다. 또 하나의 본질적 우주를 보여주는 나문재 풀에서 심연에서 자란다는 우리를 회복시킬 가시풀을 기억한다. 인류 최초의 신화 『길가메시 서사시』는 바다 가장 깊은 데에 삶을 회복할 수 있는 풀이 있음을 지시하고 있다. 근원을 이해한다는 것은 무거운 돌을 달고 심연에 들어가 가시풀을 캐는 작업이다. 돌아가야 할 심연은 어디일까. 바다는 가장 원초적인 회복의 심연이다. 위 시에 담긴 낮고 겸허한 서정은 생명을 길러내는 모태母胎로서의 물의 뿌리를 보여준다.

하나의 생명체는 자신을 둘러싼 환경과의 관련성 속에서 생명이라는 복잡한 옷감을 직조한다. 나문재라는 바다풀에

함유된 한계의 아름다움과 의미는 새삼스레 아름답고 고요하다. 풀잎을 통해서 상상되는 수많은 생명체 이야기들이 거칠고 고요한 해협으로 이어진다. 바다 위에서 펼쳐지는 시간의 순환과 숨은 질서를 나문재는 읽고 있다. 자연의 과정에 정신적 의미를 부여한다는 것은 시인의 시선이 어떤 원형에 닿아 있는지 함께 바라보게 한다.

> 그날 이후 그 바다에서 그렇게
> 아이들은 목청껏
> 난장을 열었다
> 부레의 부력으로
> 중심을 뭉개버리자
> 아래위가 고루고루
> 섞여들어
> 다시는 주눅들지 않을
> 물속 공화국을 세우기 시작했다
>
> 아래가 도타운 전설이 쓰이고 있었다
> 아이들은 이 풍진 바다를 엎어버리고 있었다
> 아이들이 끝내 떠오르지 않은 내력이었다
> ―「세월을 뒤집어엎다」 부분

세월호를 다루는 이 시처럼 바다 속으로 내려간 생명들은 시간의 지층을 형성하면서 지상을 향해 보내는 무선음이 된다. 그 신호는 존재에 관심을 가진 자에게만 잡히는 아름다운 생명의 부호들이 아닐까. 사건과 사고들은 바다의 심연에서 어떻게 살아나는가. 죽음과 궤를 같이 하면서 동시에 죽음의 승화과정을 거쳐 새로운 생명으로 태어나는 창조적 통로가 바다로 표상된다. 거기서 삶의 곡진함과 상처는 그대로 역사에 반영, 원형의 내력을 만든다.

세월호라는 고통은 이제 시인에게 원형적인 상상력으로 작동하기 시작한다. 원형적 상상력은 대상이 만들어내는 파동에 이끌려 언어가 된다. 그 힘에 이끌려 원초적이고 궁극적인 가치의 세계를 탐색해내는 건 시인의 의지이다. 원형原型이란 시공을 초월하여 끊임없이 반복적으로 환기되는 보편적 이미지들을 말하는데 시인에게 세월호는 새로운 원형으로 궁극적인 가치판단의 기준이 되었다고 할 수 있다. 묘했다. 이 시를 읽으면서 이상하게 어떤 치유가 발생했다. 떠오르지 않는 아이들이 주눅 들지 않는 물속 공화국을 세우고 새로운 생명의 원형으로 자리 잡는 것 자체가 어떤 힘이었다. 이렇듯 촉발된 물질적 이미지를 향한 역동적 상상력은 자발적으로 확대, 심화, 변형되면서 원형의 세계를 창조한다. 현실 세계를 바탕으로 한 물질적 상상력, 그리고 꿈이나 이상을 바탕으로 한 원형적 상상력이 서로 얽히면서 바다의 새로운 뿌리로 벋어나가는 것이다.

생명은 서로의 이슬에 맺힌 거미줄처럼 서로를 비추며 존재하는 풍경이 된다. 거기에서 새로운 지도가 탄생한다. 거기 중심은 없다. 바다에서 전설은 녹는다. 그리고 새로운 지도를 만든다. 바로 공空의 지도이다. 그 지도에는 무한 세계가 미세한 실핏줄을 그으면서 환하게 연기되어 있다. 시인은 한 그루 침엽수처럼 무수한 바늘잎새를 돋우면서 그 틈과 겹을 오래 응시하는 중이다.

정기남 시인이 경험한 바다 속으로 더 깊이 들어가다 보면 한국 해양문학의 물기둥을 새롭게 만날 수 있지 않을까. 부산도 그렇지만 한국은 바다를 끼고 있는 지역이다. 바다를 제대로 이해할 때 삶도 꿈도 더 선명해진다. 시인은 이 시집 외에 다른 시력詩歷이 없다. 하지만 바다에 대한 무한 애정을 시인의 눈으로 건너려는 의지는 누구보다도 높고 간절하다. 이 시집이 해양문학에 어떻게 자리 잡을지는 잘 모르지만, 한 인간의 바다가 어떻게 삶과 꿈을 관통하는지 생각할 때 그의 문학은 매우 새로운 세계를 확보했다고 믿는다. 혹여 시편에 가끔 묻어나는 생경스러움은 엄청난 독서가 선물한 그의 철학적 상상력과 관계가 있다는 것을 염두에 두면 한결 접근하기 좋을 것이다.

결론은 이렇다. 바다를 믿자. 거기에 사랑의 험난함과 사랑의 간절함과 사랑의 뜨거움이 출렁이고 있으니. 바다를 배우면 하늘을 배우는 것이니. 실제로 생명의 모든 여정이 항해라면 이 별에 도착하는 순간부터 지금까지 항해 중임을 그는 자각했으리라. 바다는 오늘도 우리에게 광막한 우주이다. 그 심연 또한 아득하다. 바다를 배우는 일, 바다를 사랑하는 일은 그 광막함과 아득함을 끝까지 저어가는 일일 것이다. 그 심연에는 우리를 회복하는 가시풀이 자라고 있음을 믿는다. 우리는 바다에게서 심연의 춤을 배운다. 그 심연의 춤을 따라간다.

해양문학에서 응시와 관조는 거대한 인드라망을 짜는 일이다. 다만 21세기가 요구하는 해양적 사고는 현재 문명이 당면한 모든 위기에 대한 질문이기도 하다. 해양을 경건하게 읽는 정기남 시인의 시선을 따라가다 보면 우리 내면에 숨은 초월적인 원형과 함께, 파도를 넘는 삶과 생명 외경에 대한 인식에 닿을 수 있다. 동시에 실험정신이 지속적으로 모색되는 어떤 강렬함에도 부딪힐 것이다. 항해를 중심으로 한 삶과 서정이 생성해내는 언어가 이 시집에서 새로운 지도를 만들고 있다. 우리는 어디에서 맺혀서 어디를 비추고 있을까. 자연학자 이브 파칼레의 다음 문장은 이 글을 마무리하는 데에 적당하지 않을까.

"추분의 파도가 몰아치는 이때, 나는 감히 소망해본다. 우리 인간에게 아직도 파도와 하나가 될 능력이 있기를. 우리 자신을 생각하듯 타인도 생각할 수 있기를. 진화가 선보이는 아름다움의 물결 속에 우리도 녹아들 수 있기를."

전망시인선 007　바다는 거의 밀물이어서

1판 1쇄 펴낸날 2023년 11월 16일
1판 3쇄 펴낸날 2024년 12월 24일

지은이　정기남
펴낸이　서정원
펴낸곳　도서출판 전망
주소　48931 부산광역시 중구 해관로 55(201호)
전화　051) 466-2006
팩스　051) 441-4445
이메일　w441@chol.com
출판등록　제1992-000005호
ⓒ정기남　KOREA

ISBN 978-89-7973-612-0
값 10,000원

* 저자와의 협의에 의해 인지를 생략합니다.
* 이 책 내용의 전부 또는 일부를 재사용하시려면 저작권자와 도서출판 전망 양측의 동의를 받아야 합니다.